5

cuentos absurdos para dejar de creer en el amor.

"The winner takes it all

The loser's standing small"

ABBA

5 cuentos absurdos para dejar de creer en el amor- Adriana Noemi Torres Arreguin

Imagen de portada: Julia Alejandra Torres Arreguin.

Diseño: Adriana Torres Arreguin.

Derechos reservados: 2022.

A mi esposo, Gustavo Ramírez quien me ha hecho creer en el amor y en todos los sentimientos existentes.

FLASHBACK

NICOLETTE

Traté de negarme al ruido del despertador que sonaba marcando las 6:15 de la mañana. Afuera el clima era oscuro y nublado, había llovido toda la noche, una de esas tormentas interminables, que parecen indicar el fin del mundo. Me dolía la cabeza y no tenía ganas de ir a trabajar, estaba cansada de ser una asistente, una simple ayudante de fotógrafo. Me molestaba saber que al final del día, mi capítulo más interesante sería ayudar a una quinceañera a arreglarse algunos mechones del cabello que debido a la mala calidad del peinado, se le desvanecía. Algunos salvan vidas, otros apagan incendios. Yo tomo los datos de los invitados a fiestas para luego entregarles sus fotos.

Mi entrada al trabajo era a las ocho de la mañana, sin embargo, sabía que me tomaría por lo menos otra media hora salir de la cama y otra media hora bañarme, más la media hora de trayecto en autobús, tendría el tiempo justo para llegar.

A veces había pensado en desistir, me fastidiaba la rutina, tan común, mi desayuno con plátanos y subir al mismo camión ruta veinte todos los días, igual y hasta el chofer ya me conocía luego de verme diario durante los cuatro años que llevaba trabajando para Giancarlo Zenatti Pérez, el fotógrafo.

Mi nombre es Nicolette Vera, tengo treinta y cinco años y a pesar de que había pensado en abandonar muchas veces, aún me quedaban demasiados años para permitirme morir de hambre, eran tiempos duros en la ciudad, el índice de desempleo era alarmante, y aquel trabajo era el resultado del poco interés en estudiar que había tenido hace tiempo, abandonando la universidad en el tercer año.

Llegué al local en el centro de la ciudad, con el cabello mojado sobre los hombros, empapándome el suéter. Entré encendiendo las luces y me di cuenta de que Giancarlo no llegaba todavía. Dejé mi bolso en una silla y me dispuse a abrir las puertas, mientras afuera, algunos taxis pasaban frente a la avenida, y los vendedores de periódico voceaban las noticias.

JAVIER

- ¡Pues te dije que las necesitaba güey! ¡La universidad no me dará más días para entregarlas! - Javier se paseaba por la sala de la casa, sin saber qué hacer, mirando ferozmente a su hermano mayor.

- ¿Cuál es el pinche problema, Javier? ve por ellas ahorita, las entregas a las diez en punto-le contestó Nacho, tomando las llaves del coche y disponiéndose a salir.

-El problema es que no abren hoy, voy a tener que buscar otro lugar y tomarlas de nuevo, ese es el problema, pendejo- Javier se puso una sudadera negra de cuello alto y un gorro del mismo color- al menos dame un *ride*, ¿no? - dijo, y tras una mirada de ojos miel, casi ofendida; a Nacho no le quedó más remedio que aceptar. Era difícil decirle que no a su hermano, tenía dieciocho años y estaba a punto de entrar a la Universidad, por lo cual, en las últimas semanas, había estado muy nervioso. Nacho llevaba ya cuatro años estudiando Diseño Gráfico y estaba por salir.

- ¿Sabes de algún lugar donde pueda tomarme las fotos? - preguntó Javier, mirando hacia afuera, hacía frío, la tormenta de la noche anterior había prolongado su insomnio.

-Pues hay un lugar en el centro, pero no sé en cuánto tiempo te las entreguen, ¿Quiénes ir a ver? - preguntó. Javier comenzó a morderse las uñas y suspiró.

-Pues ya qué- dijo, mientras Nacho pisaba el acelerador.

Llegaron al lugar sin decir palabra alguna, Javier seguía nervioso, trataba de recordar cuáles documentos tenía que entregar aquella mañana a la facultad de Ingeniería.

-Aquí es- dijo Nacho, estacionándose. Javier miró hacia el local e hizo un gesto de disgusto.

-Es un estudio Nacho, no creo que me las puedan tener rápido- bajaron del coche y entraron al lugar, adentro no hacía frío, incluso lucia cálido, las paredes de madera daban una sensación de comodidad y Javier deseó no tener que ir a la Universidad a entregar papeles en aquella burocracia menor. Un sonido del típico sensor de movimiento se escuchó cuando los hermanos entraron.

- ¿No hay nadie?- susurró Nacho, Javier hizo amague de mirar hacia más adentro y se encontró cara a cara con una mujer de cabello castaño oscuro y ondulado, que a primera instancia lo impresionó, tenía los ojos grandes, del mismo color que el pelo, llevaba una falda azul y un suéter gris que se le pegaba al cuerpo, Javier vio de reojo como Nacho le miraba las piernas.

-Hola- dijo ella, ofreciendo su mano a Javier, quien sonriendo le respondió y se la estrechó.

-Hola.

- ¿En qué puedo ayudarlos? - dijo ella con una sonrisa. Javier comenzó a tartamudear.

-Bueno, es que… necesitaba, quería ver si se podía- rio recuperando confianza- necesito sacarme unas fotografías tamaño infantil.

-Oh- respondió ella- pues, Giancarlo no está, pero si sólo son fotografías infantiles, yo te las puedo tomar, acompáñame- la mujer se dirigió al espacio en la parte de atrás del local y un sinnúmero de pensamientos asaltaron la mente de Javier.

De pie, frente a un muro blanco, Javier se quitó el gorro y miró hacia la cámara, haciendo un esfuerzo para no reír.

- ¡Qué serio!- le dijo ella. Javier rio.

-Es que son para la escuela, no puedo salir riéndome ... - Javier se quedó a la mitad del enunciado.

-Nicolette, me llamo Nicolette- Javier creyó ver que le temblaban las manos mientras manejaba la cámara.

-Mucho gusto- dijo él, y realmente lo consideraba un gusto, echó un rápido vistazo al suéter ceñido de la chica.

-Ok, mira hacia acá, así está bien…una…listo- Nicolette miró la cámara- va una más, cerraste los ojos- rio, Javier pensó que debía verse como un tonto con los ojos cerrados en la foto- va de nuevo, procura mantener la vista fija en este punto…bien, ya está.

- ¿Cuándo puedo recogerlas? - preguntó, poniéndose el gorro nuevamente.

-En una media hora más o menos- Nicolette buscaba un block de notas en el cajón del escritorio, una vez que regresaron al recibidor, donde estaba Nacho- ¿Cuál es tu nombre? - preguntó, anotando algo.

-Javier Miranda- sonrió, satisfecho de haber podido dominar su nerviosismo.

-Y yo soy Nacho, por si quieres saber- Javier miró a su hermano con hastío, ella rió por compromiso y a Javier le alegró el gesto obvio de educación- Te espero afuera- resolvió Nacho, sintiéndose fuera de lugar.

-Tu hermano es chistoso- dijo Nicolette una vez que Nacho hubiera salido, Javier rio.

-Es un idiota- un pequeño silencio que no pareció incomodo se extendió por la sala, era la clase de silencio e intimidad que lleva años conseguir.

- ¿Y vas a entrar a la Universidad? - preguntó ella, queriendo lucir distraída

-Sí, este año.

- ¿Cuántos años tienes? - la mano de Nicolette seguía temblando.

-Dieciocho- respondió. Un movimiento involuntario de su mano golpeó la taza de café, derramando el líquido sobre la mesa.

NICOLETTE

Justo en el momento en que el café se derramó, el claxon del coche del hermano de Javier comenzó a sonar estrepitosamente y mis nervios fueron en aumento. Siempre había sido insegura, pero cometer torpezas aumentaba mi poca capacidad de control, incluso a mis treinta y tantos. Javier se acercó a ayudarme, recogiendo la taza ya rota.

-Perdón, es que el frío me entume las manos- *el frío me entume las manos,* debo sonar como imbécil, me dije, presa de aquella inseguridad que me seguía desde hacía años. Javier sonrió.

-Bueno, entonces regresaré en un rato por mis fotos- se dirigió a la entrada.

-Muy bien- traté de sonreír con resultados desastrosos.

Una vez que Javier se fue, hundí la cabeza en el escritorio. ¿Qué demonios había sido aquello?, era ridículo. Cerré la puerta con llave y me dirigí al cuarto oscuro para revelar las fotos recién tomadas. Entré al pequeño cubículo, cuyas rendijas de luz estaban cubiertas en su totalidad. Giancarlo era un loco, se empeñaba en no usar tecnología, y todas las fotografías se revelaban en aquella habitación. Mientras la imagen del rostro de Javier se fue formando, lo miré detenidamente, tenía el cabello de un castaño muy claro, los ojos miel y grandes, la nariz recta y los labios delgados. A mis treinta y mil años, nunca había conocido a nadie tan bien parecido, con un rostro tan bien hecho.

-No seas ridícula Nicolette, el niño tiene dieciocho años- murmuré saliendo del cuarto, con las fotos listas. Golpes en la puerta me sacaron de mis pensamientos y fui a abrir, encontrando tras ella a la que se decía era mi mejor amiga: Lizeth, a quien conocía desde la preparatoria. Cuando abrí, entró apurada, tratando de guarecerse del frío.

-No puede ser, está terrible el clima- dijo frotándose las manos para calentarlas.

-Ya- fue lo único que pude responder, a la vez que depositaba las fotos de Javier en un pequeño sobre amarillo y les grapaba la nota de remisión encima.

- ¿Qué pasa?, ¿tienes mucho trabajo?

-No, lo que pasa es que- la miré, Lizeth era muy santurrona como para escuchar algo como aquello- nada, no es nada, no dormí bien, ya sabes, la tormenta y eso.

-¡Ni que lo digas! – Lizeth se recostó en el escritorio; la examiné, ella no era tan bonita, tenía el pelo chino y la cara redonda, era en extremo delgada y tenía las manos huesudas. Desde que la recordaba había sido así, delgada, nerviosa, demasiado blanca y tímida. En la preparatoria, ambas éramos de perfil bajo, cuando salimos, fuimos las dos únicas que no asistieron a la fiesta de graduación, y ninguna de las dos tuvo novio, siempre estuve viviendo en la sombra, y eso me dolía. Ahora, muchos años más tarde, mi aspecto finalmente había mejorado, desde que entré a la Universidad, me dediqué a correr un maldito kilómetro por día y gracias a ello, mi cuerpo había adquirido una forma bastante agradable, además, Giancarlo siempre me ha presionado para verme bien, eran un estudio fotográfico, no podíamos darnos el lujo de lucir mal y espantar a la clientela. Con Lizeth no pasó lo mismo, y en ocasiones, sentía que me miraba con cierto recelo, pero nunca se lo dije, era una de esas amistades tan largas, que hubiera sido una pena tirarla a la basura.

El timbre de la puerta al abrirse y nos hizo voltear, sentí que la boca se me secaba y que mi piel se volvía fea y sin gracia; Javier entró , ¡qué rápido se pasó el tiempo!, esta vez llegó solo, vestía un pantalón de mezclilla y una camisa blanca, con un suéter negro que acentuaba su pelo castaño.

-Hola- dijo él.

-Hola- le sonreí.

Javier miró a Lizeth y sonrió educadamente

-Buenos días- dijo.

-Buen día- respondió Lizeth sin dejar de hojear la revista que estaba leyendo.

- ¿Y están listas las fotos? - preguntó él.

-Sí, ya están, aquí las tienes y viene la nota adjunta, te resta por liquidar la mitad del costo- mi voz se percibía distinta, tanto así que Lizeth volteó a verme con ojos interrogantes, sin recibir respuesta.

-Muchas gracias, Nicolette- Javier sonrió inocentemente, e hizo que me sintiera desarmada.

-A ti- respondí con un hilo de voz.

-Bueno…- Javier se quedó mirándome por un segundo y se fue alejando hacia la puerta- hasta luego.

-Suerte con tus fotos- me tocó aceptar que Javier Miranda, como había dicho llamarse, no volvería. Además, qué tonta, *suerte con tus fotos, ¿*quién dice eso?

-Sí, gracias por tenerlas de esta manera urgente, de verdad me salvaste- dijo desde la entrada, diciendo adiós con la mano, sin dejarme tiempo para responder. Tras el sonido del timbre sensor de la puerta, busqué inmediatamente algo que hacer con las manos, prendí la computadora, me serví más café, pretendí marcar un número de teléfono, hasta que la voz de Lizeth me detuvo.

-Guapo el chamaco, ¿no? - seguía hojeando la Tv notas.

- ¿Perdón? - traté de disimular, pero ella me conocía demasiado bien.

-Digo, no le presté mucha atención bien, pero me pareció que está bastante galancito el chavo que acaba de venir.

-Ah, eso- le di la espalda, sirviendo más café- pues sí, está simpático, pero es joven- sentencié, pretendiendo una indiferencia que nadie me podía creer.

- ¿Cuántos años tiene? Y más importante aún, ¿Cómo sabes cuántos años tiene?

-Tiene dieciocho y me lo dijo casualmente esta mañana cuando vino a tomarse las fotografías.

- ¿dieciocho?, no, pues sí esta *pollito*- Lizeth pareció perder interés en la plática y volvió a la revista. Yo, absorta en el azúcar disolviéndose en la taza de café, trataba de recordar cuándo había sido la última vez que me sentí así.

JAVIER

La temperatura estaba mucho más fría cuando Javier llegó a su casa alrededor de las ocho de la noche, había ido a dejar las fotos y los papeles a la Universidad, para más tarde comer con sus amigos e ir al cine. Sentía un tremendo alivio de haber entregado todo, sin duda, aquella noche dormiría tranquilo, sin presiones ni preocupación alguna. Pasó por el estudio y vio a su hermano sentado frente a la computadora.

-Qué onda güey- dijo sin ganas, con intención de dirigirse a la escalera.

- ¿Dónde andabas? - preguntó Nacho como por no dejar.

-Con el Javier y el Pablo- Javier restaba importancia a la conversación, tenía sueño y estaba cansado.

-Ah- Nacho lo miró- te llamó una vieja- dijo distraído, Javier se detuvo en seco y por alguna razón la imagen de la mujer de las fotografías le vino a la mente, sintió una oleada de cosquillas por el cuello.

- ¿Quién?- preguntó.

-No sé güey, una tal Jasmine, no sé, le dije que te llamara al celular.

-Ah, ok, gracias- Sin preguntar más y sin interés alguno en devolver aquella llamada, Javier subió lentamente las escaleras hasta su cuarto. ¿Cómo se llamaba?, Nicolette, un nombre muy raro, pensó. Como por impulso, entró a su habitación sin prender la luz y se fue despojando de la ropa. Cuando quedó entre las cobijas, aún sin encender la lámpara, se encontró repasando momento a momento lo que había pasado aquella mañana.

-La neta estaba buenísima- murmuró, sin poder resistirse a decir esas palabras en voz alta, sintiendo que, al decirlas, ella le pertenecía en cierta forma y la idea le emocionó. Giró en su cama, recordando las piernas y los gestos de Nicolette. El cansancio y el sueño parecían haberse esfumado. ¿Y si la tuviera ahí a su lado?

-No, pero seguro tiene esposo o novio- la idea de la edad que Nicolette pudiera tener pasaba por la mente de Javier y eso lo excitaba más- pero igual y no- en su imaginación pensó cómo sería besarla y tocarla, olvidando también la baja temperatura de la noche. Ninguno de sus amigos jamás podría ni soñar en estar con una mujer así, él podría ser el primero y si lo rechazaba o algo similar, nadie tendría que enterarse, bastaría con no volver jamás a ese estudio. Quería seguir pensando en ella y tratar de recordar cómo se veía, tratando de adivinar cómo luciría con otra ropa o sin ella, que le gustaría hacer, cómo besaría, a qué le sabrían los labios, cómo se le vería el cabello sobre su almohada. Javier no pudo con el montón de pensamientos intensos, pero tomó una decisión justo cuando su hermano entró sin tocar y con la cara somnolienta le dijo:

-Javier, te llama otra vez esa chica Jasmine.

Enojado por haber sido interrumpido en aquella fantasía, Javier respondió:

-Dile que estoy dormido- y con ello, se dio la vuelta en la cama y comenzó a ensayar las palabras que diría al día siguiente.

NICOLETTE

Cuando el despertador de mi celular sonó por cuarta vez, abrí los ojos con el peor humor posible, se me había hecho tarde, no pude dormir bien la noche anterior, esta vez no hubo tormenta. De las doce de la noche a las tres de la mañana, tuve un sueño con el muchacho de las fotografías, me levanté sudando y odiando a la deidad encargada de administrar sueños. Me fastidiaba un poco tener que lidiar con ello, quería volver a dormir y no podía, el calor externo e interno me lo impedían, hacía mucho que no sentía el nacimiento de una obsesión y ésta era una de esas ocasiones.

JAVIER

Javier deseó que el frío del día anterior llegara de nuevo, pues ahora el calor y los nervios que sentía eran una mezcla nada favorable. El sol le brillaba sobre el pelo color paja cuando entró al estudio.

Esta vez no era Nicolette quien estaba sentada en el escritorio, sino un hombre de unos cuarenta años, que vestía un pantalón negro y una camisa rosa, lo miró a través de unos lentes con armazón de carey. Pensó fugazmente si aquel no sería el novio de Nicolette.

-Buenos días- dijo- ¿te puedo ayudar? - Javier notó un acento entre francés y amanerado en él, con lo cual descartó que el tipo fuera novio o esposo de Nicolette. Sin embargo, la treta que Javier tenía para hablar con ella se había ido completita a la basura pues tenía pensado decirle que había extraviado las fotografías y que necesitaba otras, pero aquella despampanante mujer no estaba.

-Yo sólo quería ver si me pueden tomar unas fotografías tamaño infantil, a color- musitó Javier, sintiendo la decepción en el estómago l, pues además tendría que pagar por algo que ya no necesitaba.

-Lo siento, no puedo ayudarte, aquí únicamente se toman otro tipo de imágenes, eventos, bodas, etc- él que lo atendía señaló un muro donde colgaban varias fotos enmarcadas.

-Oh- estuvo a punto de sentir indignación ante la negativa, pero su mente unió los hilos rápido y lo golpeó en la cara el hecho de que aunque no lo hacían, Nicolette sí lo había hecho por él. Sintió que el rostro se le iluminaba.

-¡Gracias!- dijo, dando la vuelta, su sonriente semblante se encontró con Nicolette que entraba, mientras escuchaba el timbre sensor de la puerta.

NICOLETTE

Lo pude ver desde afuera, a través del cristal, era muy reconocible. Entré apresurada y casi le estampé la puerta contra la nariz, pero Javier alcanzó a esquivar.

-Hola, perdón, ¿Estás bien? - Murmuré tratando de parecer casual, pero con la voz atropellada.

-Sí, no te preocupes.

-¿Y qué haces aquí?- Me arrepentí al instante creyendo que la pregunta sería agresiva.

-¡Ah!- sonrió- soy un imbécil, perdí las fotografías.

-¿Las perdiste?- la obviedad de aquella mentira era tan grande, que no pude evitar sentir un júbilo dentro de mi.

-Mjm- desvió la mirada hacia Giancarlo- pero ya me informaron que aquí no se toman fotografías infantiles.

Maldita sea, me había atrapado, ahora regresaba para burlarse, qué suerte la mía.

-Giancarlo es muy especial- dije, tratando de excusar mi amabilidad del día anterior, hablando en voz muy baja, esperando que el estúpido de Gian no me escuchara.

-Tú también lo pareces- la voz se me atoró en el pecho cuando lo escuché decirlo.

Como solicitado por una fuerza que venía de ningún lado, Giancarlo se levantó del asiento y pasó al lado nuestro.

-Salgo por unas pastillas a la farmacia, ¿necesitas algo? - preguntó

-Gracias Gian, pero no - contesté. Gian era hipocondríaco, quién sabe qué enfermedad se estaría inventando ahora.

Javier sonreía cínicamente, con toda la frescura que su edad y su cara le permitían.

- ¿De qué te ríes? - le pregunté.

-De cómo te pones por lo que te dije.

-No tengo la menor idea de a qué te refieres- respondí tratando de darme la vuelta, cuando sentí la mano de Javier en el hombro y me detuve en seco.

-No te molestes- dijo él, aun con la risa a flor de boca. Los nervios estaban matándome, ¿Qué podía hacer?, eso me pasaba por no haber tenido novio durante toda la prepa y secundaria.

-Oye, yo…- traté de sonreírle.

-¿A qué hora sales de aquí?- preguntó él.

-¿Qué?- mis pensamientos iban tan rápido, que no sé porque contesté- a las ocho de la noche.

-Vengo por ti, ¿a menos que tengas a alguien que ya lo haga?-Dios, entonces tuve que reír, ante la situación, ante la pregunta, ante los muchos años de diferencia y ante el hecho de que una mujer adulta como lo era yo, realmente no tuviera a alguien que la recogiera de su trabajo todas las noches, situación que finalmente me empujó a responder

-Ok, aquí estaré- la sonrisa aún más radiante de Javier me hizo continuar- no llegues tarde, porque a Gian no le gusta que me quede yo a cerrar.

-No te preocupes- se acercó, en menos de un segundo pude ver su rostro de cerca, sus ojos abiertos y brillantísimos, el olor de su loción, dulce, y sentí que me daba un beso rápido en la boca y después salía sin voltear.

JAVIER

No entendía de dónde venía ese interés tan grande, sí le parecía bonita, pero también había muchas chicas de la escuela que eran muy guapas, quizá era sólo el interés de conocer más allá, de entender todo el mundo visto desde otros ojos. Además, tenía que aceptarlo, desde que la vio la mañana anterior, le atrajo sobremanera, y aunque se tratara de pura atracción física, no tenía nada que perder.

Llegó al estudio faltando cinco minutos para las ocho, tampoco buscaba parecer demasiado desesperado, movió la mano, para que ella lo viera a través del vidrio y funcionó, Nicolette le dijo que esperara y recogió unas cosas, para despedirse de su jefe con un beso en la mejilla. Salió y Javier sintió un cosquilleo en el abdomen, nada parecido a los que había sentido antes.

-Hola- dijo ella y se acercó para también besarlo en la mejilla.

-¿Cómo estás?¡Llegué temprano!- rio.

-Ya veo- un pequeño silencio incómodo llenó el ambiente, pero la simpatía de Javier lo sacó a flote muy rápido.

-Mi carro está aquí a la vuelta de la esquina, te llevo a tu casa, o ¿prefieres hacer otra cosa? - preguntó, deseando que ella no lo prefiriera, quería ir a su casa y estar solo con ella.

-Pues de hecho tengo que llegar a mi casa, estoy esperando una llamada- dijo, restando importancia, pero Javier sintió una punzada de celos en el estómago, ¿de quién estaría esperando una llamada? Y si así era ¿Por qué aceptó que la fuera a buscar si seguramente tendría a un licenciado o contador, médico, arquitecto, esperando por hablarle por teléfono?, Javier se sintió repentinamente como un estúpido, como un niño. Era obvio, ¿Qué haría una mujer como aquella, saliendo con un…- mi mamá dijo que me llamaría a las 9:30- aclaró ella.

-Ahhh…- Javier casi suspiró de alivio- bien, claro, entonces no te preocupes, te llevaré a tu casa ya mismo- con la mascarada de querer apurarla y guiarla hasta el coche, Javier le tomó la mano y le abrió la puerta del carro - sube.

Nicolette subió.

- ¿Y eres de aquí? - preguntó Javier, una vez que tomaron camino a casa de ella.

-Sí, he vivido aquí toda mi vida, ¿y tú?

-También, ¿Qué música te gusta? - Javier hablaba muy deprisa, los silencios incómodos no le gustaban y quería hacerla entrar en un ambiente sencillo rápidamente,

-Pues casi toda, me gusta Shakira, *One Republic, Kent,* Alejandro Sanz, *Augustana-*

-¡A mí también me encanta *Augustana,* la de *Boston* en especial!- la emoción de Javier tras ese pequeño detalle le hizo sonreír.

-¡Ufff, lo mejor de lo mejor! por aquí das vuelta a la izquierda y tres calles más a la derecha- dijo ella, lamentando romper el ritmo de la conversación.

-¡Que buen gusto el tuyo, eh!-Javier rio.

-¿Y no te gusta Brand New?- preguntó ella, tratando de volver al tema

-Creo que no los he escuchado...- confesó Javier.

-Es aquí- señaló una casa color crema, Javier se detuvo y apagó el coche.

-La verdad que raro que no los he escuchado, quizá si me recomiendas canción por canción...

-Tengo la discografía en mi computadora, si quieres...- Javier rogó porque el final de la frase no fuera *te la presto-*... puedes pasar y la escuchamos un rato. Él sonrió, esta vez deseando que aquel fuera un grupo tan magnífico como para que dicha discografía se prolongara toda la noche.

NICOLETTE

Las llaves se me cayeron al suelo cuando iba a meterlas en la cerradura de la puerta, no estaba segura de lo que estaba haciendo, y por ello me parecía que era lo mejor, sin pensar, sin dudar, sin tener una amiga que me levantara las cejas con extrañeza cada cinco minutos. Jamás en mi vida hice nada arriesgado, nada raro, ni siquiera asistí a mi propia graduación de la preparatoria, y aunque en esa época creía que no quería hacerlo, la verdad era que sí, me hubiera encantado probarme vestidos azules, violetas, rojos, me habría vuelto loca bailar toda la noche canciones del Gran Silencio, OV7, Modjo, pero no lo hice.

-Pasa - prendí la luz y entramos. Al escuchar el ruido de la puerta cerrarse, supe que no quería que él saliera sino hasta dentro de muchas horas, o si era posible, que no saliera en toda la noche.

-Tu casa es linda- escuché la voz a mis espaldas, mientras veía que no hubiera ninguna llamada perdida en el identificador.

-Gracias, siéntate, ¿Quieres tomar algo?- pregunté, a la vez pensando si Javier tendría edad suficiente para tomar, y recriminando inmediatamente mi pensamiento tan tonto.

-Claro, ¿Qué tienes?- dijo él levantándose mientras yo le señalaba en dirección al pequeño barecito con una botella de whisky, una de vino tinto y una de vodka. Todas son muy baratas, no soy una gran bebedora.

-Asco, odio el vodka- esa expresión me hizo imaginarlo en alguna fiesta con sus jóvenes amigos o amigas, lo cual al instante me incomodó- pero si tienes agua mineral, el whiskey sería perfecto, si quieres yo me sirvo, solo dime donde están la cosas- agregó.

-Sí, en el refri, por favor, también hay hielo- me puse a marcar un número de teléfono, mientras él entraba a la cocina. En la puerta del refrigerador había una foto mía con mi familia y otra con Lizeth. Esa última foto había sido tomada los últimos días de la preparatoria, unos años antes, cuando jugamos la final del torneo interpreparatorias, la cual perdimos y en la que se me hizo la cicatriz en la rodilla, manchada con tierra y pasto. Lloré solita, sola en el baño de mujeres mientras veía mi rodilla sangrando.

-Qué buenas fotos- dijo, alzando un poco la voz.

-¿Cuáles?- pregunté, sintiendo un poco de vergüenza.

-Las de tu refrigerador, te ves bonita.

-Gracias, son de la preparatoria- *¿bonita?*, me veo patética, seguro lo decía por compromiso.

-¿Jugaste fútbol?- cuestionó Javier, sirviéndose hielo.

-Un poco, la verdad siempre fui muy mala… ¿Bueno, mami?- mi voz se perdió en la llamada telefónica, mientras que Javier continuaba observando la fotografía. No parecía que fuera de hace años, odiaba esa foto, pero era la única en la que Lizeth no salía con los ojos cerrados; a veces siento que en esa imagen me veo muy similar a la actualidad, aunque quizá la diferencia era la manera de vestir, pues por lo demás, lucía igual: el mismo pelo lacio y sin gracia, la boca con temor a sonreír, el leve encorvamiento que denotaba inseguridad, los ojos ovalados y asustados.

Después de 5 minutos, recordándome a mí misma que ahora era una mujer muy guapa, me armé de valor y entré a la cocina, él seguía contemplando las imágenes.

-¿Qué le ves a esas fotos? ¡son feas! me veo horrible- dije apenada, era una etapa de mi vida que no disfrutaba recordar.

-Por supuesto que no, me gusta especialmente cómo te ves en ésta- Javier señaló la foto del uniforme de fútbol.

-Es la peor, ven, vamos a la sala- esta vez fui yo quien lo tomó de la mano, queriendo distraerlo de la foto, tratando de hacerle ver que esa chica de pelo alborotado y cola de caballo, sin belleza, ni lindo cuerpo ya no existía, y que en su lugar, estaba yo.

-¿Quieres oír a *Brand New* o alguna otra banda?, también tengo *Dashborad*- dije, mencionando bandas al azar.

-¿Los que cantan la de *Spiderman*?- preguntó con un gesto.

-Sí- me dio risa su cara de asco- ¿no te gustan?

-La canción está buena, pero la película me da flojera- estiró los brazos como si bostezara.

-Bueno, pongo entonces la canción- me levanté y puse la canción, pensando que así quedarían olvidadas las fotos tan horribles que tanto le habían llamado la atención. Cuando regresé al sillón, le sonreí, el vino me animó a tomarle la mano, él continuaba serio, mirándome. Sin siquiera avisar, se acercó y me metió la lengua en la boca, sujetándome la cara; primero me asustó su espontaneidad, pero cuando sus manos me sujetaron del cabello, la emoción de besarlo me ganó.

-Quería hacer esto desde que te vi ayer- murmuró él contra mi mejilla. Sentí cosquillas, me encantaba todo aquello pero mi cabeza repetía: *tiene dieciocho, ¿estás loca? ¿Eres tan insignificante que no puedes encontrar a alguien de tu edad?*

-Javier…- dije con toda la suavidad posible.

-¿Mmm?- él se separó un poco, tenía las mejillas rojas y los ojos entreabiertos.

-¿No crees que soy un poco mayor para ti?- le dije, tomándole la mano de nuevo. Javier me miró y con el mismo tono alegre respondió.

-Lo único que creo es que eres muy linda y que tu también piensas igual de mi, ¿entonces?- y sin darme tiempo a responder, me volvió a besar, sus labios se movían con una espontaneidad y unas ansias increíbles, como la primera vez que te sientes borracho o algo así. Mi cabeza seguía insistiendo: *es casi un niño, seguramente no tiene experiencia, ¿qué buscas con alguien así?*, pero él se acercaba y me recostaba en el sillón, desabrochando mi blusa. *Dieciocho, eres una anormal.* Y su cara tan perfecta con los ojos cerrados, besándome como desesperado, hundiéndome en un momento borroso, *dieciocho, enferma.*

-Ahhh, como sea- dije, y le tomé la mano para llevarlo al cuarto.

JAVIER

Sí había estado enamorado varias veces, quizá demasiadas como para contarlas, si había tenido mucha novias y naturalmente había tenido sexo antes, pero encerrado en la recamara de Nicolette, con la luz apagada, sin sentir mas que el movimiento de ella encima suyo, supo que ninguna de sus experiencias anteriores o futuras se compararía a aquella. En aquel momento pudo haber jurado que ninguna boca lo besaría como aquella, que ninguna mujer lo haría sentirse tan entregado, y no sabía si era por que ella fuera mayor o porque él fuera tan joven o por la combinación de ambas, pero sí estaba seguro de que algo tenía que ver. Que ella le quería enseñar en un par de horas todo lo que sabía y que él quería aprender todo y tratar de, con su juventud, darle la misma satisfacción que ella le estaba dando. Era tan deseable y tan hermosa, que le costaba trabajo pensar que en un principio hubiera sido tan tímida, no lo entendía, mucho menos ahora. No quería que pasara tiempo, no quería que la noche avanzara, podía estar seguro que cuando se tuviera que ir, sentiría un vacío sordo dentro de sí.

Si de entre todas las chicas que había tenido, se hubiese encontrado una con aquel aroma de miel, con aquella hambre de besos, con ese cuerpo tan ágil, con unas manos tan dulces, quizá alguna de sus relaciones hubiera durado algo.

Tenía una amiga, muy bonita, a quien constantemente le enviaba mensajes diciéndole que la quería y que pensaba en ella, pero la realidad era que en ese momento, no le pasaba por la mente su existencia. Se preguntó porque no moría en ese instante, con ese sentimiento tan fuerte dentro de él, con ese placer, se preguntó si en su vida futura aquella noche se ensuciaría, deseó por un segundo morir y no permitir que aquella delicia corpórea fuera manchada con nada.

NICOLETTE

En el momento en que me recosté a su lado, supe que aquello me traería dolor tarde o temprano. Aunque no sabía exactamente por qué , pero tenía esa certeza; pasé la mano por encima del brazo de Javier, mientras escuchaba su respiración, a la cual se le unía el canto de un grillo detrás del closet. Veía en las sombras su boca semiabierta, los labios delgados se movían con el exhalar de su aliento.

-Son las dos de la mañana- se volvió y quedamos cara a cara.

-¿Es ya tan tarde?- lo abracé, sabía que no podía pedirle que se quedara.

-Sí, ni sentí pasar el tiempo- hablaba en voz muy baja- me tengo que ir- dijo, antes de darme un beso.

-Sí, está bien- no estaba bien, pero no había otra opción, cualquiera hubiera resultado absurda, ridícula y fuera de lugar.

-No quiero- volvió a decir él, en un nuevo susurro. Pero esta vez ya no contesté, no había razón ni fuerza que me obligara a contestar algo. Javier se levantó y lentamente se empezó a vestir, mientras yo seguía sin moverme, un dolor casi inadvertido me cruzaba a cada movimiento de Javier, pero lo ignoraba, era tonta por ponerme como una adolescente a quien con engaños le acaban de quitar la virginidad.

Él terminó de vestirse y se acercó.

-Me voy- me dijo, lo miré, si no tuviera un rostro tan bello, no sería tan difícil dejarlo ir. Le toqué la cara, quería memorizar algo que ya no tendría tan cerca, pues aunque no estaba segura de cuándo lo volvería a ver, sí lo estaba de que construir algo con esas bases tan débiles, sería una tontería.

Le miré los ojos, grandes con pestañas del color de su cabello, pero que, embelesados me habían mirado desvestirme, le miré los labios, que me habían besado las últimas horas, pero que eran años más jóvenes. Sabía que era la última vez que lo tendría tan cerca, pues aunque volviera a buscarme, yo no quería volver a verlo, no quería volver a estar con él, sabía que al día siguiente me despertaría con una cruda moral apabullante, sintiéndome enferma por haberme acostado con un muchacho de dieciocho años. Me quedaba claro que a nadie le contaría, que no soportaría las miradas juzgándo, que el regaño que me daría Lizeth sería insoportable.

JAVIER

Cuando el frío de las dos de la mañana le pegó en el rostro una vez que pisó la calle, tuvo el impulso de regresar. Se quedó mirando hacia la nada sin poder descifrarse, la brisa que le rozó los labios en aquel momento le hizo sentirse feliz. Cerró los ojos por un momento y suspiró, estaba feliz, sentía que la sangre le corría tan de prisa que debido a esto las venas le temblaban. Nunca había pasado una noche como aquella, la piel le hormigueaba, los labios le ardían debido a la ansiedad, tuvo el impulso de reír, de gritar, de comunicarle al mundo lo pleno que se sentía, que quería sentiré así muchas otras veces y lo mejor de todo era que podía hacerlo, que Nicolette estaba justo ahí, que seguramente lo volvería a estar. Se subió al coche y durante 10 minutos estuvo decidiendo, no quería irse, quería permanecer ahí hasta el otro día, volver a tocarla como lo había imaginado dos noches antes y como lo había vivido esa noche. Sin embargo, tras pensarlo mucho, decidió que lo mejor era irse, no quería representar una molestia para Nicolette, quien seguramente ya habría caído dormida, ella tenia que trabajar al otro día y además Javier quería tener cuidado, no quería que ella lo viera como un adolescente tonto, aferrado y enamoradizo, ella no buscaba algo así, seguramente buscaba un hombre, y regresar en mitad de la madrugada buscando sus caricias lo haría ver como un niño desesperado por atención. Lo último que quería era fastidiarla.

NICOLETTE

Eran las tres y media de la mañana cuando mis ojos se abrieron, afuera aún estaba oscuro, en mi celular brillaba una luz. Me había despertado la vibración del mismo.

1 nuevo mensaje de texto.

"¿Cómo está durmiendo la señorita más sexy?, que descanses – Dan"

Tuve que leer el mensaje un par de veces más para poder calmar el remolino de emociones que sentí en ese momento, no sabía si era la palabra *sexy*, la palabra *señorita*, o el nombre al final, lo que me provocaba aquel arrebato de sensaciones. Me levanté de la cama y tomé mi bolso, saqué de él una pequeña bolsita de plástico con una foto infantil. Caminé a la cocina entre la bruma de la madrugada, cuidando de no tropezar. Tomé la fotografía que estaba pegada en el refrigerador y regresé a la recamara. Entre las manos tenía mi propia foto con el uniforme de fútbol y la de Javier que había tomado el día anterior, acariciando ambas con los dedos, las contemplé por varios minutos, hasta que los ojos se me fueron cerrando lentamente.

NICOLETTE *18*

Afuera se escuchaba el ruido de gotas cayendo, gruesas sobre el pavimento y sobre la ventana, la habitación que a pesar de ser de día, estaba oscura y gris, la tormenta se había prolongado durante toda la madrugada y la lluvia no parecía tener ganas de cesar. Me negaba a abrir los ojos, no quería, sentía una pesadez en el pecho que me hacía desear quedarme en cama toda la mañana, me molestaba el clima frío que esperaba afuera, la ruta diaria hacia el estudio de Giancarlo, y la inevitable realidad de que lo que había pasado la noche anterior tendría que enterrarse bajo tierra durante toda la vida. Una chispa fría me pasaba la garganta, busqué el celular entre las cobijas, sin encontrarlo, no obstante, mi reloj biológico anunciaba que ya eran las 6 de la mañana y que tenía que levantarme. Poco a poco me levanté, la habitación aun a oscuras. Caminé hacia la puerta y extrañamente la encontré abierta. Con los ojos aún adormecidos me dirigí al baño, choqué con la pared un par de veces, culpando al sueño.

Cuando tomé el picaporte del baño para abrir la puerta, me encontré con que éste estaba cerrado con seguro, me froté los ojos, tratando de abrir la puerta, no se abría. Empecé a asustarme, a no entender.

Un sudor frío me recorrió la espalda cuando escuché una voz.

-Nicole, hija, ¿eres tú?, ¿Qué pasa?- la voz provenía de adentro. Abrí los ojos rápidamente y busqué el apagador más cercano , una luz amarilla llenó el espacio. Aquel no era el baño, y aquella no era mi casa. En un segundo sentí asco, mareo, vértigo y sobre todo confusión. Los colores pastel de las paredes eran familiares, sin embargo me aturdían. Corriendo regresé al cuarto y prendí la luz. En la pared, pósters de Shakira y en el cuarto una cama individual me esperaban, el vértigo creció. La cama tenía una colcha rosa y el closet era blanco. Traté de recuperar la cordura y respirar profundamente. Cerré los ojos un momento y cuando los abrí, la misma imagen me llenó los ojos de lágrimas. Era mi cuarto, en donde había pasado mis primeros dieciocho años de vida. El lugar en el cual había llorado durante días por no haber asistido a la graduación de la preparatoria, donde en mi soledad escuchaba canciones de la compositora colombiana en mi viejo discman. Desesperada, me acerqué a la cama y revolví la sabana buscando mi celular, no lo encontré por ninguna parte, con el miedo, la confusión y a la vez la seguridad de que finalmente mi actual soledad me había vuelto loca, me tiré en la cama cubriéndome con la cobija, ahogando un llanto que no me sabía a nada. Un par de minutos después, la puerta se abrió, tuve un miedo angustiante de destaparme y ver la imagen de quien entraba y con pasos silenciosos me hablaba.

-Nicole, ¿estás bien?, ¿Qué pasa?, ¿te sientes mal?- la voz de mi mama me tranquilizó, sin embargo, su presencia me alteró en demasía, ¿Qué hacía ahí?, ¿Qué estaba ocurriendo?, me parecía imposible detener las lágrimas. Mi mamá finalmente movió las cobijas, y ahí estaba yo, su mirada no parecía extrañada de verme ahí.

-¿Qué tienes? ya sé que estás nerviosa, pero ¿te sientes bien?, ¿te duele algo, hija?- la miré era mi madre, no me veía con extrañeza ni confundida.

-¿Mmm?- traté de responder.

-Anoche no quisiste cenar, te dije que debías comer algo, que dejaras de preocuparte, que seguramente hoy temprano te podrías tomar esas fotos- dijo convencida, yo esperaba despertar del sueño en cualquier momento, pero nada pasaba- hija, me estás asustando, ¡Di algo por el amor de Dios!- insistía ella.

-Tengo un poco de asco- musité, creyendo que con las palabras, aquel sueño acabaría. Sin embargo, el gesto de mi mama, me confirmó que no.

-Ay niña, eso te pasa por andarte desvelando en la computadora- se levantó y se dirigió a la puerta- apenas son las seis, duerme otro rato, no tienes que entregar los papeles sino hasta las once- diciendo esto, cerró la puerta y cuando escuché el clic de la cerradura, comencé a llorar en silencio, cerrando los ojos muy fuerte, apretando los párpados, deseando no estar loca.

Minutos más tarde, luego de que el llanto por fin se detuviera, me levanté despacio y con un miedo que latía en mi estomago, me dirigí al espejo. La imagen que vi me confundiría durante muchos años. Una versión mía, más joven me regresaba la mirada: tenía el cabello largo y ondulado, castaño brillante, la piel no tenía las pequeñas arruguitas que se me hacían cuando sonreía, estaba muy delgada y tenía un raspón en la rodilla izquierda. Como la imagen en una película, cerré los ojos rápidamente y recordé como me había hecho ese raspón, justo cómo ese recuerdo me había venido a la mente la noche previa: en el último mes de clase en la preparatoria, en la final del torneo interpreparatorias de la ciudad, y en el último minuto del segundo tiempo, cuando tuve la oportunidad de hacer ganar a mi equipo, fui derribada por una chica pelirroja y alta, de cuerpo robusto, quien además me pellizco el brazo al empujarme y provocar el raspón en la rodilla.

Frente al espejo y sentada en mi cama, en mi vieja cama, me toqué la rodilla herida, sentía los bordes de la sangre cicatrizada, eran muy reales, la presioné y el dolor tan agudo que aquello me produjo daba la certeza de que no era un sueño.

Por lo demás, no encontraba explicación, unas nauseas monumentales se apoderaron de mí y salí corriendo del cuarto, instintivamente dirigiéndome a donde creía que estaba el baño, vomité bilis, sintiendo que el estómago me ardía, me miré al espejo del baño y me limpié la cara con una toalla azul que desde siempre había servido para secarse las manos, una ola de nostalgia me golpeó cuando sentí el tacto de aquella vieja y deshilachada prenda.

Caminé a mi habitación de vuelta, busqué en los cajones del tocador , papeles, libretas de materias que había cursado hacía años, pero en todas ellas estaba escrita por mi puño y letra la fecha actual, la fecha de su mi *yo mayor* que trabajaba para un fotógrafo, no la fecha de mi vida estudiantil. Abrí el closet y no encontré ninguna de las faldas cortas y suéteres ajustados que usaba diariamente, sino varios pants, jeans con pequeñas roturas, tenis converse de varios colores y dos uniformes color guinda. Una mochila azul oscuro estaba al lado del closet, la abrí, ignorando los libros, saqué tres discos del interior, uno, el más nuevo, de Shakira, y en efecto, era el más nuevo, no el de hace 8 años, uno de Augustana y un último de Brand New, ¿Cómo era posible?, ¿Qué mierdas pasaba? Yo, al parecer, era más joven, pero el mundo no se había rejuvenecido conmigo.

Un nuevo espasmo de nauseas me asaltó, pero esta vez no vomité, en el piso estaban tiradas boca abajo, dos fotografías, una infantil y una de tamaño regular; con miedo, las levanté, en una estaba vestida con aquel uniforme rojo intenso, pero sola, sin Lizeth; en la otra, la cara de Javier, sus labios delgados, sus ojos miel y su cabello color paja me observaban con la mirada fija. Quise gritar pero ningún ruido salió de mi boca, ahogué mi voz en la garganta y presioné ambas fotos contra mi pecho. No estaba loca, pero necesitaba una explicación pronto, o empezaría a estarlo.

JAVIER

Javier cerró la puerta del coche de su hermano Nacho y con el frío lastimando sus mejillas, se dirigió a la entrada de aquel estudio fotográfico. Molesto por el hecho de que Nacho no hubiera recogido las fotografías que se había tomado el día anterior y preocupado porque tendría que llevar los papeles a la universidad a las once de la mañana, entró al lugar escuchando el timbre sensor de la puerta, su hermano detrás de él.

-¿No hay nadie?- dijo Nacho en voz baja, Javier caminó un poco más, tratando de asomarse en lo que parecía otro cuarto dentro del local, su mirada se encontró con la de una chica alta y en extremo delgada, de cabello muy rizado que traía una revista en la mano, tenía la piel pálida, pecas grises y un gesto nada agraciado.

-¿Te puedo ayudar en algo?- dijo, casi fastidiada.

-Eh, sí, quiero saber si aquí me pueden tomar unas fotografías tamaño infantil- preguntó, la cara de la muchacha fue de como si le hubieran dicho que tenía la difícil tarea de sacar oro de una vieja mina.

-Pues...- aventó la revista a la silla más próxima- se supone que no debemos tomar ese tipo de fotos, pero- en ese momento, el timbre de la puerta volvió a sonar, Javier, Nacho y la alta voltearon al mismo tiempo, por la puerta entró una chica joven, quizá de la misma edad que Javier, delgada, con el cabello en una cola de caballo, vestía un pants negro con chamarra de cuello alto.

-¿Si?- preguntó la encargada del estudio fotográfico.

-Buenos días- dijo nerviosa la recién llegada. Javier volvió a mirar a la alta de pelo rizado.

-¿Sí me puede tomar las fotos?- preguntó impaciente.

-Sí- contestó la empleada- pasa- señaló la parte de atrás del estudio, Javier le entregó a su hermano una carpeta y pasó a tomarse las fotografías.

La chica recién llegada se quedó con Nacho, hundidos en un silencio, hasta que él trató de sonreírle, ella le devolvió la sonrisa y desvió la mirada inmediatamente.

-Te me haces conocida- dijo - ¿vas a la misma escuela que Javier?- preguntó.

-¿Javier?- ella abrió los ojos redondos como platos- perdón, pero…

-El güey que estaba aquí- volvió a decir Nacho- mi hermano va al Instituto Octavio Paz, en Lomas.

-¡Ah! Sí, esa es mi prepa también, acabo de salir- contestó ella. Nacho sonrió.

-Sabía que te había visto antes- la jovencita le devolvió la sonrisa. En ese momento Javier y la encargada regresaron.

-Van a ser cuarenta pesos, si quieres pagas la mitad ahorita y el resto después- dijo la dependienta; a la vez, la chica que había llegado se tambaleó, como si se mareara.

-¿Estás bien?- Nacho se acercó a ella, sosteniéndola del brazo.

-Sí- parecía que la chica volvía en sí, al contacto de Nacho en su brazo- me mareé un poco, no es nada, perdón- se sonrojaba a cada palabra, Javier la miraba indiferente.

-Paso por ellas como en una hora, ¿está bien?- preguntó él.

-Sí- la empleada le entregó un papel y se volvió a la jovencita- ¿En qué te puedo servir?- La chica la miraba sin parpadear, mientras que Javier y Nacho salían, y el mayor de los hermanos murmuraba.

-Esa morra va en tu escuela, guey, ¿no la ubicas?- preguntaba con un interés inusual.

-Ni la vi bien, güey- el timbre del sensor de la puerta se escuchó cuando ellos finalmente salieron.

NICOLETTE *18.*

Los ojos se me llenaron de lágrimas por el choque que sentí dentro de mí en ese momento. Lizeth sentada en el que debía ser mi lugar, mi escritorio, Javier saliendo, sin dirigirme una segunda mirada, Nacho mirándome con pena ajena, cuando la última vez que lo hizo me miraba con lujuria.

-Oye, ¿te puedo ayudar?- insistía Lizeth con su gesto agrio.

-Liz- la boca me temblaba- soy yo- me acerqué al escritorio- mírame Liz, ¡Soy yo!

-Creo que me confundes con alguien más- la aburrida cara de Lizeth se mostró sorprendida.

-Liz, por favor…- comenzaba a desesperarme, veía mi imagen reflejada en los vidrios de la puerta, aparentaba apenas unos 18 años, pensé por un momento si acaso siempre había sido así. Miré el rostro inmutable de la que había sido mi amiga, en otro tiempo, en otra realidad paralela y comprendí, que jamás diría *"Ah, si, Nicolette, ¿qué pasa?"*

-Necesito unas fotografías- dije al fin.

-¿Cómo sabes mi nombre?- preguntó extrañada. Carajo, ¿ahora cómo le explicaría?

-¿Sí te llamas Lizeth? qué casualidad, te confundí con una amiga que se llama así- respondí.

-Ah- con desconfianza aún, Lizeth se atrevió a preguntar- así que tienes una amiga que se llama igual que yo y que se parece a mí.

-Bueno, en realidad tenía- sentí un golpe en la boca del estómago - ya no estoy segura- Lizeth se encogió de hombros. Sus gestos y expresiones me eran tan familiares.

-¿Qué tipo de fotos necesitas?

-Infantiles.

-Muy bien, pasa por favor.

Cuando el flash de la cámara me pegó en el rostro, entendí lo que aquella situación representaba.

JAVIER

-Ya está güey, te espero afuera- dijo Nacho mientras Javier cerraba la puerta del coche, aún hacía frío. La facultad de Ingeniería en Sistemas estaba justo en el centro del campus, al lado de la facultad de Ciencias de la Comunicación. El muchacho caminó entre la gente, pronto sería un universitario más y sería diferente, sería maduro y sus papás dejarían de hacerlo menos, porque finalmente, él también entraría a la Universidad, no sería Nacho el único hijo que tuviera una carrera de prestigio. Algunos compañeros de su escuela estaban ahí formados, Javier los saludó con la mirada y siguió caminando, pronto sería uno más, entraría y saldría a placer de la facultad. Todos le decían que la carrera de Ingeniero en Sistemas era difícil, lo cual sin duda la hacía una mejor carrera que la de Diseño Gráfico, que estudiaba Nacho.

Se formó en la fila, listo para entregar sus papeles, las fotografías que se había tomado aquella mañana, su acta de nacimiento, su certificado y los estudios médicos, junto a la ficha de solicitud. Estaba contento y emocionado, ansiaba ser grande, ansiaba ser otro.

La fila fue avanzando muy lentamente y la ansiedad de Javier se acrecentaba; debido a que faltaban por lo menos cinco personas para que fuera su turno, se dedicó a mirar a los alrededores, aún había muchos estudiantes universitarios paseando por ahí, algunos con cara de desesperación y la nariz hundida en libros gruesos de pasta vieja y dura, se preguntó si así se vería él en unos años. Su mirada chocó con una imagen que le pareció familiar: la muchacha que en la mañana había ido al mismo sitio que él, a tomarse las fotografías, miraba de un lado a otro, tratando de adentrarse en la fila de la Escuela de Ciencias de La Comunicación. Tenía los ojos asustados y parecía perdida, Nacho le había dicho que iba en la misma escuela que él, pero la verdad era que Javier no recordaba haberla visto jamás, se preguntó el porqué de aquello, mientras continuaba mirándola: pants negro, pelo atado en una coleta, lacio, sin una gota de maquillaje, y al parecer buscaba parecer desapercibida, pues incluso se encorvaba un poco y trataba de no atravesarse en el camino de las demás personas.

-Siguiente…- Javier escuchó una monótona voz y volteó, era su turno, el estómago pareció darle vueltas, ahora se emparejaba con Nacho, aquel era el primer paso a ser mayor.

NICOLETTE *18*

Estaba segurísima de que me había visto, nada más espero que ojalá no lo haya hecho mientras yo lo veía, y además más en estas fachas. Me gustaba mucho la manera en que caminaba hacia la ventanilla y entregaba sus papeles, como con mucha clase, como no sé, muy seguro, yo nunca podría hacer eso. Cuando llegué a mi ventanilla, se me cayeron de la carpeta y cuando me agaché a recogerlos, le pegué con el trasero al tipo que estaba atrás de mí, y cuando le pedí disculpas, pisé mi acta de nacimiento. Yo era un desastre, eso nunca ha sido diferente. Javier iba a estudiar Ingeniería en Sistemas y yo, Ciencias de La Comunicación, aunque no tenía ni idea de cómo iba en la escuela, pues aquella realidad era una que nunca viví, si el estudiaba una ingeniera y yo una humanidad, seguramente eso significaba que como solía ser en mi otra realidad, yo era malísima en matemáticas, física y esas cosas, y él seguro era de los mejores. Aparte se veía bien vestido así, con ese gorrito gris en la cabeza que le contrastaba con su pelo casi rubio, yo ya lo había besado y tocado, había estado con él y hoy lo observaba de lejos y con miedo. De camino a casa decidí regresar a pie, entregué mis papeles primero que Javier, y aunque me hubiera gustado seguir viéndolo de lejos, no soportaba esa sensación rara, no entendía nada de lo que pasaba y no podía hablarlo con nadie, esto estaba volviéndome loca, en un lugar conocido y desconocido a la vez, con personas cercanas que en el futuro ya no lo eran tanto, como mi mamá, o con personas lejanas que en el futuro habían sido muy íntimas, como Javier o Lizeth. Caminé hasta la salida de la Universidad y vi a Nacho, el hermano de Javier, en el interior del coche, creí que estaba distraído, hasta que me saludó con la mano, sonriendo. La timidez que al parecer también había llevado yo toda mi vida me hizo sentir ganas de correr cuando lo vi bajarse del coche y caminar hacia mí.

-¿Qué onda?¿También vienes a dejar papeles?- sin decir agua va, se acercó a mí y me saludó de un beso en la mejilla. Él tenía los ojos muy castaños y las pestañas muy espesas, la boca era igual la de Javier, el cabello ondulado y castaño oscuro.

-Sí- contesté con una voz demasiado ronca.

-¿Ingeniería?

-No- reí involuntariamente- no, nada que ver, a Ciencias de la Comunicación.

-Ahh, qué bien, eso era otra de mis opciones cuando entre a la Uni, pero me decidí por Diseño; mi hermano es un nerd, escogió una de las más perras, así le va a ir al güey- dijo mirando hacia atrás, como esperando que Javier no estuviera cerca.

-No me parece que sea nerd- dije con una voz salida de no sé dónde.

-¿No? Él está carita, pero es bien matado, no te vayas con la finta- me guiñó un ojo y entonces entendí su comentario.

-¡No!- moví la cabeza, negando- no, no, no, me refiero a que- me puse roja- ¡creo que estudiar tal o cual carrera no te hace nerd!- mis tartamudeos no me ayudaron. Nacho rió.

-OK, OK, está bien , yo no juzgo- dijo y me pasó la mano por el pelo, despeinándome, aunque sin mover un solo cabello. Sentí algo raro en el estómago, algo extraño y agradable - míralo, ahí viene el pendejo- dijo Nacho, señalando con la cabeza, yo volteé por instinto y conforme Javier se acercaba, el nudo en mi estómago y en mi garganta creció. Javier llegó y empujó a Nacho de un brazo.

-Ya güey, entregué todo, sólo falta ver qué onda, que me dan mi horario y eso, pero yo creo que tardará unos días- le dijo y después me miró sin decir nada.

-Mira, ya conocías a…-Nacho me miró y de repente se dio cuenta que no sabía ni mi nombre. Sentí una vergüenza pésima. Qué horrible momento.

-Nicolette- murmuré, de nuevo la voz ronca.

-Hola- dijo Javier alzando las cejas.

-No seas maleducado, saluda- cuando su hermano dijo eso y Javier se acercó, me dio un beso en la mejilla, y pude oler esa misma loción que traía el día que me acosté con él en el viejo futuro; al sentir su mejilla rozar la mía, el corazón se me atoró en la garganta y adoré a su hermano con toda el alma.

JAVIER

Cuando ambos subieron al coche y dijeron adiós a la chica con la que Javier había encontrado a Nacho platicando, la pregunta salió de la nada:

-¿Y esa vieja qué?- Javier guardó la carpeta vacía en la mochila.

-¿De qué?- contestó Nacho girando el volante.

-¿Te gusta o qué?- preguntó, Nacho rió.

-No mames…- el rojo del semáforo los detuvo.

-Pues ya van dos veces hoy que te encuentro platicando con ella-le recordó Javier.

-¿Y eso significa que me gusta?, no manches. Al rato si me ves comprando gorditas para desayunar, no vayas a pensar que me gusta la doña de la esquina, *bro*- Javier se quedó pensando.

-Si tú dices ...

-Aparte va en tu escuela Javier, apenas está para ti.

-No inventes, ni la conozco.

-¿Cómo puedes no conocer a alguien con quien has estado tres años cursando en la misma prepa?- Javier avanzó entre el tráfico.

-Sepa…la verdad es que no recuerdo haberla visto, pero de alguna forma, me parece conocida, igual sí la vi pero no le presté atención.

-Obvio sí pero igual ponte las pilas, es bonita.

-¿Ves como sí te gusta?- insistió Javier.

-¡Ohh qué latoso eres!

Javier no le creía nada, y tampoco le gustaba que a su hermano le gustara, ahora hasta con desconocidas de su escuela tenía protagonismo.

-Cómo sea Nacho, oye- cambió de tema- entonces cuántos boletos necesitas para mi graduación, ya pedí los 4 de nosotros, uno para mi papá, para mi mamá, para mí y para ti, la fiesta es el sábado, ¿vas a llevar a alguien?

-No creo, Vale y yo nos estamos dando un tiempo, y me da flojera llevar a alguien más.

-Ok, seremos solo nosotros entonces.

-¿Mañana todavía tienes que ir a la escuela?- preguntó Nacho.

-Pues, no habrá actividades como tal, pero igual tenemos que seguir yendo, aunque ya no están dando clases los maestros.

-Que a gusto, te juro que vas a extrañar eso cuando estés en la universidad- dijo Nacho, Javier roló los ojos con impaciencia, le fastidiaban esos comentarios de *Soy Mayor Que Tú y Por Eso No Sabes y Por Eso Te Explico*.

NICOLETTE *18*

-¿Ya quieres comer hija?- la voz de mi mamá salió de la cocina acompañada de un aroma a empanadas de salmón y arroz.

-No tengo mucha hambre, ma'- dije somnolienta y acostada en el sillón.

-*Niquis*, no seas así, entiéndeme que tienes que comer y también tendrías que hacer ejercicio, estás bien flaca- mi mamá se sentó a un lado mío.

-Sí voy a comer, pero de rato, ahorita no tengo hambre- cuando mi mamá se lo proponía, podía fastidiarme con eso, aunque a la larga me di cuenta de que tenía razón. Al igual que tenía razón en otras ocasiones.

-Esa ropa ya está muy fea Nicole, ¿Por qué no vamos en la tarde a comprarte algo? mira nada más, este pantalón ya todo roto de abajo, con una falda te verías bonita- y tenía razón, pero por algún motivo nunca la escuché, me gustaba vivir en las sombras, porque sentía que no tenía la suficiente luz para brillar si salía de ellas.

-No me gustan mamá, me siento incómoda con ellas.

-Pues en la graduación te guste o no te tienes que vestir bien, ¿Cuándo vamos a comprar tu vestido?

La graduación, una sensación helada me pasó entre las sienes, no sabía si ir, de hecho no sabía nada, ni quienes eran mis amigos en aquella época desconocida, no sabía incluso si tenía o no amigos. Estaba todo mal y mi mamá con sus preguntas lo empeoraba.

-Porque... ¿Sí vamos a ir, verdad?, ojalá ya te hayas olvidado de esa tontería de que no quieres ir, de la preparatoria nada más se gradúa uno una vez, ya quisiera yo que en mis tiempos hubieran hecho fiesta; sólo nos hicieron una misa y la entrega de papeles.

-No sé aún mamá...-¿Y cómo saberlo?, si ni siquiera sabía qué hacía ahí, en aquella época que no me correspondía, que no empataba con mi juventud, menos iba a saber de ir o no a una fiesta.

-¿Cómo no?, ayer me dijiste que sí, y ya pagaste los lugares, no me vengas ahora con tus cosas Nicole.

-¿Pagué los pases?- al menos unas cosas se empezaban a aclarar.

-Sí, ayer mismo te di el dinero en la mañana y en la tarde los trajiste-señaló con la cabeza un sobre guinda, envuelto en papel celofán que descansaba en el interior del trinchador. Qué noticia, ahora ni cómo zafarme, me da cosquillas en la panza nada mas de pensar en eso, nunca he ido a una fiesta de graduación, en mi otra realidad nunca me gradué de la universidad porque abandoné la carrera y me salí antes y menos fui a la de la prepa y ahora tenía la oportunidad de ir, pero esta vez había un factor que en mi diferente pasado o futuro no estaba: Javier.

Caminé a mi cuarto sintiendo aun "eso" en la panza, pero ahora con unos latidos en el corazón bien fuertes, pensando en la cara de Javier. En la mañana se veía lindo, tenía una sonrisa hermosa, y aunque ahora tengo dieciocho años, mi mente sigue pensando lo que una mujer de treinta y tantos, igual lo veo e igual quiero comérmelo a besos, despeinar el cabello castaño casi rubio, tocar su naricita recta con la mía, portarme como lo deseé en el futuro, tener la libertad de ser una adolescente, como soy ahora y tomarle la mano y esconder la cara en su hombro cuando su hermano Nacho nos hiciera burla. En ese futuro incierto, que quizá ya no exista nunca, me daba miedo el tabú de estar con un muchacho muchos años menor que yo y hoy en día, en este presente, incierto también, me da miedo siquiera saludarlo y sostenerle la mirada.

JAVIER

-Ahí está esa morra otra vez- Nacho señala por la ventana del coche con la cabeza, Nicolette está cruzando la calle, tomándose un jugo de cartón con un popote, Javier voltea y casi sin percibirlo, ve que le queda bien el cabello suelto.

-¿Sigues con eso?- preguntó Javier, sacando su celular sólo por hacer algo con las manos.

-Nada más comentaba, amargado.

-Te digo que te gusta, pero no lo quieres aceptar- Javier murmuró, por dentro sentía el clásico vacío que experimentaba cuando le disgustaba el protagonismo que Nacho había tenido toda la vida.

-Pues igual no le decía que no, ¿eh? se defiende la muchachita- Javier volteó a ver a Nicolette, tenía el popote metido en la boca mientras se detenía en la esquina de la escuela, esperando a que pasaran los coches.

-Pinche pervertido- resolvió Javier.

-¿Qué?, o ¿apoco tú sí le dirías que no?- preguntó- además, no creo que ella me dijera que no a mí- Nacho sonrió con suficiencia.

-Bájale, ombligo del mundo- Javier lo miró con fastidio.

-¿Quieres ver?- Nacho bajó la ventana del carro y prendió las intermitentes, deteniéndose al lado de la banqueta donde ella estaba parada.

-¿¿Qué haces, imbécil??- dijo Javier, pero era demasiado tarde.

-¡Hey, Nicolette!- gritó Nacho para llamar la atención de la chica. Ella volteó, sus ojos se abrieron como lunas cuando distinguió quien la llamaba, Nacho le hizo señas con la mano, pidiéndole que se acercara.

-¡Ven!- gritó, Javier no sabía en donde meterse, su hermano sí que era intenso. Ella se acercó, con paso temeroso.

-No chingues Nacho, te pasas.

-Cállate pendejo- Murmuró Nacho justo a tiempo, antes de que Nicolette pudiera escucharlos, le sonrió- ¿Qué onda Nicolette? ¿Cómo andas?

-Bien, gracias, ¿y tú?, digo, ¿ustedes?- miró a Javier y sonrió, él le devolvió la sonrisa.

-Bien, ¿para dónde vas?- contestó Nacho.

-A mi casa, en Plaza del Parque.

-Te llevamos- dijo, abriendo el seguro de la puerta de atrás.

-¿Qué? ¿Cómo crees?, no, ahorita llego rápido en el camión.

-No inventes, súbete, te llevamos- Nacho volteó a ver a Javier- vete para atrás, para que ella se siente aquí- dijo, Javier lo miró estupefacto.

-No Nacho, en serio, no hay problema- se escuchó la voz de Nicolette- me iré en camión.

-Súbete Nicolette, pásate para atrás Dani, por favor - Nacho no lo miraba, no tenía intención de discutir. Javier abrió la puerta y robóticamente se pasó al asiento de atrás, mientras Nicolette ocupaba el de adelante. Javier miró como su hermano entablaba conversación, diciendo chistes ocasionales que provocaban una leve risa en Nicolette, en el fondo le daba gusto que ella no se pusiera a coquetear con su hermano como hacían sus otras amigas.

-¿Y vas a ir a la graduación?- preguntó Nacho. Javier bajó el volumen de su Ipod.

-Pues sí, la verdad no tengo muchas ganas, pero sí- contestó ella, su mirada se cruzó con la de Javier por el espejo, él le sonrió, mientras Nacho seguía hablando.

-*Cool*, ahí nos veremos, ¿es en esta calle?

-Si, en esa casa roja

-Ok pues bueno niña, nos veremos entonces el sábado.

-Gracias por el *ride*- dijo ella. Nacho le tomó el hombro y le dio un beso en la mejilla.

-Que descanses- dijo el hermano mayor.

Al bajar, Nicolette se encontró con Javier afuera del coche, mientras ella dejaba el asiento delantero y él se preparaba para ocuparlo.

-Nos vemos- dijo él.

-Bye- Nicolette caminó unos pasos - Javier...- Él volteó- ¿Tienes celular?- preguntó ella, tenía el rostro enrojecido.

-Sí- Javier asintió y se acercó.

-¿Cuál es?, a ver si en la semana, si tienes chance, vamos a tomar un café o algo.

Sin dudar, Javier se lo dio, por el simple gusto de que era su celular el que ella pedía y no el de Nacho.

-Bueno, ok- Nicolette se acercó rápidamente y le dio un beso en la mejilla- hasta entonces- Javier subió al coche, estaba tan acostumbrado a que varias chicas estuvieran tras de él y él también era muy enamoradizo, pero hacía mucho tiempo que nadie le pedía su teléfono

La puerta de mi casa estaba entreabierta, pasé sintiéndome feliz. Miré el número de Javier en el papelito que me había apuntado, increíble, maravilloso. Comencé a cantar una canción de Oasis, creyendo que en mi casa no había nadie. Incluso entré a la cocina para ver si ya estaba la comida, había dos cacerolas en la lumbre, afuera el clima estaba nublado y ese olor a pollo mezclado con mi felicidad, estuvo a punto de llenarme los ojos de lágrimas, debido a la extraña nostalgia que sentí en ese momento. Lo hubiera hecho, sino fuera porque escuché la puerta de la entrada, era mi mamá, traía un refresco de limón de dos litros en la mano.

-¿Y ahora?, llegas bien temprano- me dijo, pasando a mi lado, dirigiéndose a checar el pollo.

-Me dieron un *ride*- contesté sin hacer más aspavientos. Ella no respondió nada, y yo no necesitaba que lo respondiera, seguía feliz, Javier me había dado su teléfono, y yo me había animado a pedírselo... Ahhhhhhh qué lindo era eso, y qué lindo era él y quizá saldríamos a tomar café. La mente me empezó a dar vueltas, pensaba en que le llamaba y que era súper lindo por teléfono, que era él quien me recordaba que deberíamos ir a tomar algo, un café o unas micheladas, y que pasaba por mí en el coche de su hermano y que hablábamos de música como en aquel futuro y me decía que era lindísíma. Todo eso lo pensé en menos de diez minutos. Era la primera vez que olvidaba por un momento, que yo no debería estar ahí, que no era ni mi tiempo, ni mi espacio, que yo era la ayudante de Giancarlo metida en un cuerpo de dieciocho años, pendiente de otro cuerpo de igual edad, y que quizá era eso lo que me había llevado ahí.

Pero aquella tarde fui con mi mamá a comprar mi vestido de graduación. Terminé escogiendo uno plateado de tirantitos y que hacía que el hecho de ser tan delgada, resultara una ventaja.

JAVIER

Sin ánimo a equivocarse, Javier estaba seguro de que su teléfono había sonado por lo menos seis veces. Lo tenía a un lado, él estaba acostado en la almohada, afuera el clima seguía nublado. El número que titilaba en la pantalla era desconocido para él, pero estaba seguro que la que lo llamaba era Nicolette. No contestó, no sabía por qué , no tenía nada que hacer aquella tarde y tal vez no estaría de más salir con ella un rato. Pero aún así, prefirió ignorar el aparato, que vibraba sobre su cama, invitándolo a responder, platicar un rato, saber un poco más de ella y quedar para un capuccino, pero no lo hizo. No sabía la razón, estaba confundido, pero no demasiado, sin embargo, su confusión se le complicó cuando Nacho entró a su cuarto con una cerveza de lata en la mano y le preguntó:

-Güey, ¿no tienes de casualidad el teléfono de Nicolette?- Javier dudó un momento y respondió algo que sí le empezaría a causar preocupación.

-No, y ¿por qué entras sin tocar güey, quién te dio permiso?- dijo, Nacho le hizo una seña con el dedo y cerró la puerta antes de salir.

Creo que mi cosa ésta se jodió de tantas veces que puse *Boston*, de Augustana ese día en la tarde, luego de que le marqué a Javier un millón de veces y ninguna me contestó. La canción decía algo así como de *You dont know me, you dont even care,* y luego algo de I *think I'll start it over, where no one knows my name, i think i need a sunrise im tired of the sunset,* y sentí bien feo, esa quizá era la prueba más clara de que yo no debería estar ahí, porque la ventaja que sentía de aquella cosa rara , era que podía estar con Javier sin sentir culpas ni sentirme como toda una perdedora *cougar* porque me gustara tanto, pero resultaba que Javier ahí no quería estar conmigo, tal vez y yo le parecía poca cosa , igual y lo era, o le valía, y haberme emocionado porque me diera su número de teléfono había sido algo tonto, yo había sido ingenua, seguro Javier le daba su numero a cualquiera y cómo no, si estaba bien bonito, si no le costaba nada, pero seguramente sólo le contestaba a quien él quería y conmigo no había querido. Su personalidad era su parte más atractiva y yo me sentía frustrada y humillada por todo eso, y ahora no tenía salida, tendría que ir a la graduación y aguantarme el verlo a la cara y los dos sabiendo que le llamé y que él no me había contestado. En mi cabeza era fácil dibujar todos los escenarios, en especial los peores: ¿y si le contaba a Nacho?, la humillación sería mayor, ¿y si Javier tuviera novia? nunca pensé en esa posibilidad y me sentí peor. Ya de repente había perdido otra vez las ganas de ir a la graduación, tal vez en aquel pasado que ya casi no recordaba también había sido así, quizá el muchacho que me gustaba me había hecho alguna cosa de ese tipo, y por eso perdí las ganas. Y ahora con esta sensación. Cerré los ojos y pensé solamente en la música, ojalá me quedara así siempre, sin pensar en el futuro pasado, o en Javier pasado que se presentó en el estudio de fotografías, y fue por mi esa noche y me dijo que era bonita en la foto del fútbol, porque así fue, ¡que era bonita! Y que le gustaba como me veía, ¡maldito mentiroso! seguro ni lo pensaba, pues ahora que soy como era en esa foto, le soy indiferente y no me contesta el teléfono. Ese Javier presente ni siquiera tuvo interés en platicar conmigo, si me dirigía el saludo o la mirada era por Nacho, su hermano, que por cierto no era nada feo, estaba mono, pero no era Javier, no tenía los ojitos así, ni la naricita tan recta, pero qué remedio. No me quedaba más que ir a la graduación y ya, y vivir esa vida entre sombras, como era en la otra, sólo que sin el lindo cuerpo ni la ropa bonita.

JAVIER

Javier fue en el coche con sus papás, mientras que Nacho dijo que llegaría a la fiesta alrededor de las 10:30. Se estacionaron mientras Javier se arreglaba la corbata del smoking negro. Al entrar al salón, una ola de voces y murmullos lo aturdió, muchos vestidos de fiesta colores rojo, turquesa, blanco, negro, gris, naranja, muchas de sus compañeras caminando de un lado a otro, riendo, con peinados altos, otras con el cabello muy ondulado, unas con un maquillaje tan similar al de la de al lado, que parecían todas muñecas barbie *piratas* del mercadito del centro.

Los meseros, de camisa blanca y pantalón negro caminaban de un lado a otro llevando las charolas de pan, y de las llamativas bocinas esquinadas salía una canción que decía *hasta con los ojos cerrados esos tres lunares de memoria sé...* Javier comenzó a sentirse incómodo y un poco acalorado. Siguiendo a sus padres, que caminaban a través de la pista para llegar a su mesa, trató de respirar y recuperar la calma, pero no lo logró. Una vez que estuvieron sentados, tomó rápidamente un vaso de coca, sintiendo el frío líquido recorrer su garganta, un espasmo de asco lo asaltó.

-Dani, ¿te sientes bien?- preguntó su mamá.

-¿Qué tienes Javier?- la voz de su papá sonó un poco más dura. Él, sin saber qué contestar, se levantó y a paso rápido entró en el baño; llegó lo suficientemente a tiempo para entrar en un cubículo y vomitar.

NICOLETTE *18*

Cuando me miré al espejo no lo podía creer. Guau, súper guau, me veía muy bien, me veía preciosa, sin exagerar ni ser presumida, pero el vestido me quedaba de maravilla, además del pelo y el maquillaje, nunca antes supe que tenía los ojos de un café tan bonito. Me vi en el espejo del cuarto de mi *ma'* un montón de veces y aún así me costaba creer que la que devolvía el reflejo era yo, y no una protagonista de las que salían en *Drake y Josh*. Esa sensación la sentí cuando empecé a usar faldas en mi otra vida, claro que ahorita estaba mucho más flaca, pero no me veía mal, al contrario. Ya quería ver la cara de Javier, si es que me lo encontraba aquella noche. Me sentía animada y a la vez nerviosa ¿y si aún así el estupido de Javier tampoco me hacía caso? Ay ¡sería el colmo! y ahora sí que ni cómo ayudarme. Mi mamá y yo llegamos en taxi al lugar donde era la fiesta, el chofer del carro llevaba una canción de los Tucanes de Tijuana y eso por alguna razón me ponía más de nerviosa, aunque la más emocionada era mi mamá, como me había dicho que cuando ella salió sólo hicieron una misa y una ceremonia de entrega de papeles, pues igual tenía curiosidad.

Cuando me bajé del taxi y escuche la canción de *Lovefool* saliendo del interior del salón, empecé a sentir una cosquilla rara en la panza, no como las de antes, no de emoción , sino fea, como de miedo, de nervios, yo no debería estar ahí, tenia ese mal presentimiento que sólo se siente cuando vas a reprobar, o peor que te van a decir qué ya nunca verás a tu abuelita. No sabía ni a qué iba ni por qué , aquel no era mi espacio, yo era una intrusa de *Star Trek* o de *Volver al Futuro* que no debería estar ahí, y sin embargo estaba. Empecé a sudar frío, a marearme, ya no me importaba si el vestido se me veía bien, o si mis ojos lucían tan castaños como nunca, quería regresar a mi casa, pero no a ésta, sino a la pasada (¿o futura?) , a la mía, donde vivía sola y escuchaba las tormentas golpear fuerte en la ventana, y me levantaba diario a las seis de la mañana para ser la achichincle de Giancarlo. Donde no tenía futuro, donde mi vida era tan aburrida y yo era tan solitaria como un sapo, que mi más grande emoción fue acostarme con un muchacho de dieciocho años que se me había atravesado un día de trabajo tan tedioso como cualquier otro. La gente entraba y salía del lugar, y a mi me molestaba la actitud segura de todas las tontas que cuchicheaban como babositas, mientras una que otra lloraba en la entrada, tratando de, según ella, disimular las lágrimas que seguramente algún pendejito le había provocado. Ese no era mi espacio, era ridículo para mí estar ahí, aunque nadie se diera cuenta más que yo. Entramos al salón que estaba lleno de espejos por todos lados, y de gente comiendo pollo relleno de jamón, me sentí asqueada, todos estaban contentos, todos lucían felices, se graduaban, menos yo, pues ya había pasado por todo eso y el choque temporal me estaba volviendo aún más loca. Quería dormir, tenía ganas de dormir, mi vestido y mis zapatos, mi pelo, todo, todo me dejó de importar, quería irme a dormir y despertar con el ruido de la lluvia.

-Voy al baño *ma* '- dije, dejando a mi mamá en la mesa, quien sólo asintió. Gracias, dame el avión, al fin que nada más soy tu hija.

Caminé entre las mesas, dirigiéndome al baño, procurando no voltear a ver a nadie, me daba un poco de miedo. Antes de entrar al baño, a un paso de hacerlo, una mano me jaló del brazo y me hizo saltar de la sorpresa.

-¿Quiubo? ¿a dónde con tanta prisa?- Volteé y esforcé una sonrisa. Era Nacho.

JAVIER

Las luces ya se habían bajado, y ahora una diversidad de música salía de las enormes bocinas; una canción de Alejandra Guzmán retumbaba por el salón. Javier seguía sentado en su mesa, bebiendo a sorbos el mismo vaso de coca, que un mesero se había encargado de volver a llenar. Tenía la mirada clavada al otro lado del salón. En una esquina, Nacho y Nicolette platicaban, ya llevaban largo rato ahí parados, se veían muy a gusto, ella reía y Nacho aprovechaba el volumen de la música para acercarse y murmurar en el oído. Javier tomó un nuevo sorbo de su refresco.

-¡*Danis*!- llegó una de sus compañeras a la mesa, con la cara roja y la emoción a flor de piel- ¡vamos a bailar!- dijo, jalandolo de la mano.

-¡Gracias Pili, no tengo ganas!- gritó entre la música.

-¡Ay no Dan, es nuestra fiesta, no seas así!- la chica lo jaló de la manga, situación que molestó a Javier.

-Neta Pilar, ahorita no, al ratillo los alcanzó- ella se alejó sin notar su molestia mientras empezaba una canción norteña.

Al otro lado del salón, Nacho tomaba de la mano a Nicolette y la jalaba hacia el centro de la pista, ella se resistía riendo, diciendo que no con la cabeza, pero Javier sabía que antes de aceptar un *no* por respuesta, Nacho se comería su propio traje. En unos segundos estaban bailando; Javier tomó otro trago de su coca como si se tratara del whiskey más intenso. Siempre había sido lo mismo, siempre Nacho tomaba las cosas y las volvía irresistibles. Cuando a los seis años Javier no quiso la bicicleta roja que su papá le había regalado por ser de un color "que parecía de niña", Nacho se la adueñó y salió en el periódico con unos ciclistas famosos tres meses después. Ahora pasaba lo mismo, y peor, porque se trataba de una mujer y eso en el orgullo podía doler más que una bicicleta.

Sin pensarlo más, Javier se levantó y se dirigió a la pista y llegó hasta donde estaban.

-Eh, Nacho ¿me das chance de hablar unos minutos con ella?- preguntó, Nacho fingió que no lo escuchaba y Javier tuvo que repetir la pregunta, ante el sorprendido rostro de Nicolette.

-¿Ahorita?- respondió Nacho- no mames, estamos bailando, en un rato, deja que acabemos.

-Me urge cabrón- insistió. Nacho volteó fastidiado y antes de alejarse, le susurró a Javier en el oído: *Luego no digas que no te late, güey*.

Javier no contestó y miró a Nicolette, señalando el camino hacia fuera. Ella sonrió a Nacho, diciéndole adiós con la mano y caminó. Salieron al lobby del lugar, donde nada más encontraron a un par de jóvenes de su misma edad besándose y riendo, una anciana vestida elegantemente también estaba ahí, descansando. Después de mirarlos a ellos, los ojos de Javier se posaron en Nicolette.

NICOLETTE *18*

-Dime la neta, ¿te gusta Nacho?-ay, esa si que no la vi venir. Pero tuve que manejar todos los pensamientos que en ese momento me atacaron. Al mismo tiempo pensé en planear una estrategia de indiferencia hacia él y decirle que sí, que me gustaba su hermano, y de alguna manera así lavaría la humillación que sentía desde hacía días debido a que él no me contestara el teléfono. Pero por otro lado, también pensaba en por qué Javier me estaba haciendo esa pregunta. ¿Estaría celoso?, no tenía sentido pues si él hubiera querido algo conmigo, me habría contestado la llamada. Cuando Javier alzó las cejas esperando una respuesta, me di cuenta de que llevaba casi tres minutos sin hablar.

-¿Por qué me preguntas eso?- musité.

-¿Por qué no contestas?, sí te gusta ¿verdad?- oh… ¡maldita sea!, no tenía sentido, pero pensándolo bien, yo era una mujer de treinta y muchos años en el cuerpo de una pendeja de dieciocho , sosa, aburrida, varada en un espacio temporal que no me correspondía, en una fiesta de graduación, con un vestido de tirantitos, siendo interrogada por un muchacho idiota con quien me había acostado en mi otra realidad, ¿y aun así me hacia tonta pensando que ese pequeño detalle no tenía sentido? Qué babosa, por eso me había ido como me había ido.

-No Javier, no me gusta tu hermano- dije, con un poco más de fuerza en la voz.

-Ah, ok- sonrió.

-¿Y?- ahora debía decirme cuál había sido la razón de su pregunta, me tenía que decir.

-Mi hermano es un cabrón, y tú te ves buena onda, como que no checa, como que te puede hacer jaladas y dejarte como ha dejado a las mil viejas con las que sale- contestó. Qué respuesta tan estúpida. Una mezcla de sentimientos me corrió por la garganta

-¿Ah si?, mira qué bien verdad, y tú eres la Madre Teresa, ¿no?, ni me conoces ¿y me andas cuidando las espaldas?, no Javier…- negué con la cabeza, cruzándome de brazos. Estaba a punto de decir algo que no quería, en realidad varias cosas que no quería, pero ya qué.

-Además- continué- estás bien imbécil , ¿cómo no puedes darte cuenta de que me *interesabas*- y remarqué el *"abas"*- tú?, porque hasta te pedí tu teléfono y te llamé un montón de veces y no me contestaste y ahora vienes a preguntarme que si me gusta tu hermano, eres un idiota Javier- le di un golpecito en el hombro, Javier sonrió un poco y luego su cara se puso seria.

-¡Estás loca! ¿Cómo puedes decir que te *interesaba*? -él también remarcó el *"aba"*- si ni me conoces, y yo menos, nunca en mi vida te había visto, aunque hayamos estado en la misma escuela, no tengo ni idea de donde saliste- sus palabras, que en otro momento podrían haberme hecho sentir como la más invisible del mundo, hoy me daban cierto alivio, pero a la vez una incertidumbre.

-Tienes razón- unas ganas bien profundas de llorar me inundaron- yo tampoco sé de dónde salí-me tembló la voz.

-No quise decir que fueras invisible o poca cosa ni nada, pero es que es verdad, no recuerdo haberte visto nunca durante estos tres años y de repente ya estás en todas partes, y lo peor es que de todos modos me pareces conocida. Aunque sé que no te vi- tenía las lágrimas en los ojos y este tonto seguro pensaba que era por él.

-Perdón, no quise ser mala onda, pero es que neta no sé…-siguió

-Está bien Javier, no te apures- lo miré. Me puso la mano en el hombro y me dio pena que seguro tenía ya todo el rimel corrido, obvio a Javier le daba lo mismo cómo me viera. Su dedo se empezó a mover en mi hombro. Lo abracé en un impulso de querer esfumarme de aquella realidad que tan poco me gustaba.

Así nada más, sin ver de dónde salió eso, Javier movió la cara y me besó en la boca; fue exactamente igual que como había sido aquella vez. Era lindo, pero sabía que lo hacía por lástima, sin ganas, no sé, la situación no fue como yo la esperaba, esto parecía forzado, de alguna manera, como la pieza de rompecabezas que no encaja bien y uno se esfuerza en meterla y queda toda chueca. Se separó y sentí su aliento sobre la boca, lo miré a los ojos. Una voz me arrancó de aquel momento.

-Te dije Javier- Nacho se acercaba con una cámara- foto, foto- me abracé a Javier y sonreí hacia el flash, que me pegó en el rostro.

JAVIER

La fiesta de graduación terminó a las dos de la mañana. Javier salió acompañado de sus papás y de su hermano, llevaba las manos metidas en los bolsillos y la brisa nocturna le pegaba en el rostro. Aún sentía en su saco el aroma del perfume de Nicolette y un poco de su sabor en la boca. Sonrió, le había gustado besarla y bailar un rato con ella. Pensaba que probablemente en la Universidad se podían seguir viendo, Ingeniería y Ciencias de la Comunicación estaban muy cerca.

NICOLETTE *18*

Javier me gustaba un montón , de verdad que muchísimo, pero después de bailar con él y besarlo, sentí raro, algo así como tristeza, cómo melancolía, me acordé de cuando me iba a Monterrey con mi mamá los fines de semana y no podía ver a mi papá. Estaba horrible viajar en autobús a media noche, pensando que tendría que esperar otro mes para ver a mi papá. Y así me sentí cuando me despedí de Javier, le di mi número y me dijo que me hablaría al otro día para ir a

Starbucks. No dijo que ya tenía mi teléfono en el suyo debido a aquellas llamadas sin respuesta.

-Qué bonita fiesta Nicolette, y qué guapo el muchachito con el que estabas bailando- dijo mi mamá una vez que entramos a la casa.

-Se llama Javier- murmuré sin ganas.

-Pues es muy guapo, apenas para una niña tan bonita como tú- aquella fue la frase que hizo que de plano me diera el bajón. Abracé a mi mamá con mucha fuerza y le di las buenas noches.

En mi cuarto, me fui quitando la ropa y prendí la computadora, me gustaba dormir con música. Aproveché para entrar a mi mail y encontré un correo de Nacho que decía *tortolos*, lo abrí, Javier y yo sonriendo desde la pantalla. Su sonrisa sorprendida y yo tomándole la mano. Imprimí la fotografía con tinta en blanco y negro, la contemple varios minutos hasta que los ojos se me fueron cerrando lentamente.

NICOLETTE

Afuera la tormenta golpeaba intensamente el vidrio de la ventana, como si tuviera intenciones de despertarme, abrí los ojos, el cielo estaba muy gris y hacía mucho frío. En la mano, apretaba fuertemente un pedazo de papel, lo abrí y ahí estaba, Javier y yo, la tinta casi estaba desvanecida, me levanté y recorrí el cuarto, era mi viejo cuarto, o nuevo, era la cama matrimonial, sin afiches de Shakira en las paredes, me miré, era mi cuerpo bonito, no el delgadísimo. Entre las sábanas mi celular titilaba, me di cuenta de que lo que me había despertado no era la tormenta, sino la vibración del teléfono.

1 nuevo mensaje de texto

No pude dormir Nicolette, son las seis de la mañana y no pude dormir pensando en ti, te veo en el estudio de fotos y te llevo algo de desayunar- Dan

Nunca me había sentido tan feliz y con tanto miedo a la vez. Bloqueo el numero de Javier y me hundo entre las cobijas

FIN

TRAJE CHICLES, POR SI VOMITABA

PARTE 1

ME GUSTA, NO ME GUSTA

Tony tenía 23 años y le gustaba mucho el jugo de mango, las sopas instantáneas, el color naranja, el facebook, los cuadros con animales, el cabello lacio, los regalos de navidad, el Tom Collins, las gomitas de dulce, el panqué, recostarse en el sillón, ver y comparar shampoo, cortarse el cabello, dormir con el ventilador prendido y cobijarse. Su nombre no le gustaba.

Nadie en el 2011 se llama Antonieta pensaba constantemente, por eso había hecho que todos sus amigos y conocidos la llamaran Tony.

Además tenía una suerte terrible, cuando su hermana le prestaba el coche, siempre los pájaros se hacían sobre él, dejándole motas blancas por todo el parabrisas; se daba toques cuando conectaba la secadora de pelo, se hacía sándwich con jamón caducado y terminaba escupiéndolo en el lavabo, su equipo favorito siempre perdía y habían descendido dos veces, una vez dejó la puerta del baño sin seguro y su prima la abrió, para después irse corriendo, sin disimular sus carcajadas.

No le gustaba el huevo, ni usar lentes, no le gustaba el color morado, ni las palomas, le daban asco, los grillos igual, le daba pavor el dolor de estómago, odiaba envolver regalos, el 14 de febrero, las películas de Maria Félix, las sandalias plateadas o doradas y Katy Perry.

Tocaba la guitarra, pero lo hacía muy mal, solo se sabía "Las Mañanitas" y "Señora, Señora". Había dos cosas en el mundo que la hacían muy especial. Una de ellas era que su abuela tenía un blog, mismo que había creado por consejo de Tony, ya que cuando su abuelo murió, ésta se había sentido muy sola, y su nieta la animó a entrar a un curso de HTML y CCS.

La otra era que Tony estaba completamente enamorada del vocalista de una banda de rock alternativo de Guadalajara. Aunque el término *enamorada* le quedaba un poco corto. Estaba obsesionada con él y con su banda. Se llamaban *Mayo* y salían en Telehit, casi siempre junto a Zoe y La Gusana Ciega.

La obsesión de Tony era demasiada, tenía sus cinco discos, cada uno de ellos dos veces, cerca de ochenta posters estaban guardados en su closet, donde también había diez playeras con el emblema de la banda, en diferentes colores y presentaciones. Había grabado sus videos en un VHS y a diario revisaba las noticias en su sitio Web.

Le gustaba mucho la banda, pero aunque le daba pena decirlo, su obsesión por Alex Jara, el vocalista, era más grande que su amor por la música. Él era atractivo dentro de un plano normal. Tenía el cabello ondulado, castaño oscuro, era delgado y de ojos azules, sin ninguna característica en particular que lo hiciera diferente de los demás. Sólo los ojos. Sin embargo, a Tony le gustaba más que su físico, su manera de cantar y sus composiciones.

En cuanto a la voz se refería, la de Alex tampoco era la mejor, para muchos amigos de Tony, resultaba aguda y fastidiosa, en ocasiones nasal, pero para ella estaba bien. Aunque muy dentro sabía que no tan bien, pues lo que más apreciaba en Alex Jara, era la manera de componer, o eso era lo que creía.

Sus letras denotaban, a su forma de ver, un talento nato y una pasión que no encontraba en nadie más, pues a pesar de que no tenía el alcance de conocerlo, ni de cruzar palabra con él, sentía que con sus canciones ya lo conocía lo suficiente.

A Alex sí le gustaba su nombre, pero no su apellido, *Jara*, **Jara**, sonaba como risa y como a jarra, pero su nombre tenía personalidad. En realidad se llamaba Alejandro, pero *AleJAndro JAra* ya se le hacía mucho, por eso había hecho de Alex su nombre artístico.

Tenía veintinueve años y le gustaba el agua embotellada, los marcatextos, las nubes cuando se arremolinaban tras las montañas, comer salmón y camarones al coco, el cereal con mucha leche, las casas del Pedregal y escribir canciones.

Odiaba que no se agotaran los boletos para sus presentaciones, que le hicieran ruido mientras componía, que algún otro integrante de la banda hiciera críticas no constructivas a su trabajo, que le diera gripa porque la voz se le hacía rasposa, que su novia no entendiera sus canciones y tampoco le gustaba mucho viajar.

Se había tenido que acostumbrar a ello, pues las giras cada año crecían en número y en distancia, y fuera en avión o por tierra, le fastidiaba todo el proceso de hacer maletas y registrarse en hoteles.

En los últimos meses, Mayo se había consolidado como una de las bandas más importantes del país, al presentarse en el Foro Sol de la ciudad de México, y con ello, gracias al éxito de dicho concierto, fueron invitados a ser parte del Corona Fest 2011. Alex no podía estar más feliz, aunque un poco intranquilo; le preocupaba que junto a bandas como Maldita Vecindad, La Castañeda y lo que quedaba de Jaguares, su música pareciera muy sosa, muy infantil, muy MTV, muy aburrida , muy pretenciosa, o quizá no lo suficiente. Eso no lo dejaba dormir a gusto, no obstante, confiaba mucho en su propio talento.

PARTE 2

www.mayomusic.com

Eran las 2:30 de la mañana cuando Tony se sentó frente a su computadora en pijama, soplándole a una sopa instantánea de camarones con limón y dando clic al mouse. Ya era hora de dejar los jueguitos del Facebook por un rato y revisar qué había en la página de Mayo. El alma se le fue a los pies cuando vio un banner anunciando la participación de Mayo en el Corona Fest de aquel año.

-Y estarán aquí, ¡no puede ser, no es cierto, no lo creo!- un poco de sopa se le derramaba por el labio, ensuciando la computadora, pero no le prestó atención. Lo vería, quizá no tan cerca, pero había pensando en escucharlo cantar en vivo desde hacía mucho tiempo. Un año antes, se asustó porque la banda había anunciado su separación indefinida, cuyo periodo de alejamiento resultó ser de tres meses, lo suficientes para conseguir publicidad gratis, y a la vez para que Tony se deprimiera durante los mismos.

Faltaba más de un mes para el Corona Fest de la ciudad, pero el día llegaría, y aquella misma noche, Tony comenzó a mandar mails a sus amigos para ver quién la acompañaría, pues a pesar de que a ninguno de ellos les gustaba Mayo tanto como a ella, y la consideraban una banda normal, de mediana calidad en la guitarra de letras pretenciosas y californianas, sabían del desenfrenado amor que ella sentía hacia los músicos y no les quedaría otro remedio más que acompañarla.

La música había sido parte muy importante de la vida de Tony incluso desde antes de nacer. Su abuelo, de nombre Antonio, había sido mariachi en el Distrito Federal, desafortunadamente lo habían matado una madrugada cuando le quisieron quitar su violín, cuyo valor no excedían de lo que actualmente son setenta pesos.

El padre de Tony había sido arquitecto y no tenía nada que ver con la música, no así su madre, quien desde niña cantaba todo tipo de canciones, como

Malagueña Salerosa, o varias de Chabela Vargas; para Tony había sido normal quedarse dormida en reuniones familiares escuchando *arráncame la vida de un solo beso*. Pero su mamá también había llegado a la madurez con la frustración de nunca haber hecho nada con su privilegiada voz, ni con su dominio de la seguridad en sí misma. Y en ocasiones Tony pagó por ello, escuchándola llorar, escuchándola hablar de eso cuando se tomaba un Gin Tonic de más.

Tony no había heredado ninguna facultad musical, ni de su mamá, ni de su abuelo. El amor por la música era lo que los resquicios de la genética le habían otorgado. De pequeña, fue Topo Gigo y el Club de Gaby. De adolescente, fue Green Day y Nelly Furtado. Ahora, era Mayo, y nada más que Mayo, alternando con los Beatles, para satisfacer su ego de conocedora.

PARTE 3

EXPLICACIONES.

La casa del Pedregal era color crema, habían comprado varios muebles y la decoración era de estilo minimalista. Todo a elección de Alex, pues su novia no tenía precisamente lo que era el gusto más refinado del mundo. Alex trataba de ignorar ese factor, pero a veces no podía, sentía que necesitaba a alguien que le dijera que sus canciones iban más allá de lo máximo, de lo inexplicable, y su novia Diana no lo hacía nunca, se limitaba a besarlo, sonriéndole, como si fuera suficiente, mientras él dejaba la hoja a un lado, con sus palabras en ella.

Una vez que terminaba sus deberes de novio, Alex descansaba sobre la cama, mirando hacia el techo, con sus ojos azules y profundos escudriñando la lámpara blanca que colgaba. Su novia se movía al lado suyo, como escapando de un mal sueño, y Alex se preguntaba cuánto tiempo pasaría antes de que él estuviera lo suficientemente gastado, lo suficientemente escuchado en estaciones de música pop como para poder desistir.

Sintió a Diana moverse entre las sábanas.

-¿No puedes dormir, amor?- le preguntó, tocándolo en el brazo.

-Sí, pero estoy nervioso, me preocupan las presentaciones al lado de bandas ya consagradas, no sé cuanto tiempo ira a pasar antes de que dejemos de ser la banda telonera.

-… precioso, no digas eso, ustedes no son la banda telonera, son invitados al Corona Fest también y eso es lindo y me da gusto, aunque no me gusta que tantas putillas se mueran por ti- dijo Diana, acomodando su almohada.

-¿Qué?- Alex parecía distraído.

-Ni me pelas, amor- contestaba ella. Alex se sintió un poco asqueado ante el uso de la palabra *amor*. La había usado en muchas canciones, pero no de una forma tan gris y directa como lo hacía Diana.

-Es que estoy distraído Diana, creo que necesito tomar agua- Alex se levantó y fue a la cocina, cuya decoración era muy linda, minimalista también. Gris con rojo. Alex tomó un vaso de plástico, también gris, también rojo, también su idea. A veces le desesperaba que Diana no aportara nada Le gustaba tener la última decisión, pero al menos esperaba que su novia cooperara con algunas ideas. Nunca había sido así, y eso lo ponía un poco incómodo. Pero nada, nada lo molestaba tanto, como el hecho de que Diana, con su año y medio de ser novios tuviera tan poco interés en entender sus canciones y siempre, después de acostarse, le pidiera a Alex que le explicara de qué trataba aquella canción acerca de la niña que sola, recorría un parque en las noches, en las tardes y después desaparecía, decepcionada porque a sus cinco años de vida, jamás lograría ver un amanecer.

Cuando Alex regresó al cuarto con el vaso lleno de agua fría, como esa que uno necesita cuando sufre resaca interminable, la miró, estaba ya dormida. Era hermosa, bajita, muy delgada, de pelo lacio y de ojos rasgados. Sentía por ella mucho cariño, y estaba acostumbrado a que así eran las cosas, que quizá su novia no tenía que amar sus canciones como decía que lo amaba a él. Pero a Alex le costaba trabajo acostumbrarse.

A veces le hubiera gustado sentir que Diana realmente se emocionaba con lo que él escribía, que estaban en la misma frecuencia, que podían tomar vino tinto durante horas y terminarían hablando de lo mismo, sintiendo empatía.

Se recostó a su lado, apretando los ojos fuertemente, hasta que se convenció de que tenía que dormir, y de que lo más importante era pensar en que mientras se tuviera a sí mismo , mientras tuviera su pasión tan abundante, no importaban muchas cosas más.

PARTE 4

LOS OJOS

Se abrieron con convencimiento, era un sábado cualquiera, o no era. Era de día, hacía calor, pero Tony se consolaba, se animaba pensando en que era sábado, el sábado que tanto esperaba, que Mayo y Alex estaban en la ciudad, y que él respiraba el mismo aire que ella, y que lo que sentía en el pecho no se comparaba con ninguna otra emoción, ni con ningún enamoramiento, mismos que por cierto, hacía mucho tiempo no sentía. Para ella el único enamoramiento era regresar a su casa en el camión, con su discografía de Mayo en el mp3, mirando hacia las calles, observando los niños disfrazados de payasos, las señoras sentadas afuera de iglesias, los camiones de refresco, todos mientras escuchaba la voz de *"si a ti no te importa, a mi tampoco , sino brillas, yo menos"*, veía los carritos de camote, los coches Audi negros, la antigua estación de tren que hoy era un museo, las mueblerías con cincuenta por ciento de descuento. Todo era Mayo, todo era poesía de Alex, todo eran sus ojos azules. Lo era el circo con banderas suizas, las lavanderías llenas al tope, los cafés solitarios, los bancos. Tony pensaba ocasionalmente que ella, con sus ojos grandes y grises, no quería convertirse en un jardín de banco. Le horrorizaba la idea de esperar y esperar por siempre, hasta las diez de la mañana, con el sol pegándole en las sienes, con la brisa matutina rozando y dañando sus fosas nasales, con los limosneros y los mosquitos.

Las canciones de Mayo eran como el chocolate amargo de cuando tenía seis años esa bebida que en casa se preparaba todos los viernes , antes de que su abuelo muriera, antes de que lo llevaran al cementerio y ella no entendiera nada de lo que estaba ocurriendo, las canciones de Mayo podían ser como el niño del kinder que le gustaba y que un día se había burlado de sus tijeras de plástico, como el cenicero que su mamá llenaba todos los viernes en las reuniones con sus hermanas, como la cerveza que su papá tomaba en las de los domingos con el tío Alberto y con el tío Martín. Como esas, pero menos densas.

Para Tony, quien durante toda su vida quiso tocar la guitarra, las canciones de Mayo eran similares a la voz esperanzada por un segundo de David Bowie cuando cantaba *we can be heroes just for one day*, o como la de George

Harrison cuando se levantaba discreta, a veces opacaba por las de sus co-integrantes, o como la de Brandon Flowers cuando decía que tenía alma, pero no era un soldado, y se pegaba al micrófono, sudando hasta que perdía el peinado perfecto.

Pero lo que más importaba a Tony, eran esas noches cuando conseguía comprar un vino tinto, no muy caro, pero suyo y se encerraba en su cuarto en short y playera a escuchar una variedad de canciones, viendo cortos de cine, y quedándose dormida hasta muy tarde ya.

Las canciones interpretadas por Alex Jara eran como quedarse hasta la una de la mañana platicando con sus papás , o hablando por teléfono con un nuevo novio, susurrando. Así, Tony abrió los ojos aquel sábado, con unas expectativas bajas, en comparación con lo que le pasaría.

PARTE 5

MI DULCE

Tony llegó al estadio donde se llevaría a cabo el Corona Fest, acompañada de cuatro amigos, dos hombres y dos mujeres. Llevaba una playera rosa que decía Mayo en la parte de adelante y tenía varias fechas de conciertos en la parte de atrás.

Entraron y la primera imagen que Tony vio fue una larga fila de personas se apilaban en la entrada, empujándose, algunos discutiendo con los guardias y elementos de seguridad. Con trabajos, Tony y su grupo de amigos se colaron en aquel grupo, haciendo como que empujaban y haciendo como que discutían hasta que mostraron sus pulseras de acceso y pudieron entrar.

Había mucha gente en el interior del estadio, la mayoría, según sus playeras y sus edades, parecía que iban a ver a otras bandas, en un costado vendían cervezas a treinta pesos y en el otro había puestos de hamburguesas que no lucían confiables.

-Vamos adelante- les pidió Tony, jalando a una de sus amigas.

-Pero se aperra bien gacho- contestó uno de los muchachos que la acompañaba, quien ya traía una cerveza en la mano.

-Ándale Jorge, ahorita no hay tanta gente aún, podemos meternos bien al frente…- rogó Tony, acercándosele. Jorge había estado enamorado de ella desde la secundaria.

-¿Para qué?, aquí se ve chido- contestó, dándole un trago a su cerveza.

-¡Se ve bien lejos!- Tony agarró de la mano a una de sus amigas- me vale, yo sí me voy para allá y Sara viene conmigo, ustedes quédense aquí si quieren- y dicho esto, jaló a su amiga y comenzó a caminar en dirección al escenario.

-¡No mames Tony!- gritó- a ver güeyes, pues vamos…- Jorge caminó y los demás lo siguieron.

-¡Van a ser los primeros! -Gritó Tony una vez que estuvieron al frente, apretujados. Jorge apenas podía sostener la cerveza.

-¿Quiénes?- preguntó.

-¡Mayo!- Tony tenía la emoción desbordándose; una chica delante de ella volteó a verla con cara de fastidio. Tony podía ser realmente irritante, aun sin quererlo. Era intensa y eso terminaba por molestar a mucha gente que no podía tolerar sus gritos, sus risas indiscretas o sus saltitos.

-Esos qué -dijo Jorge.

-*Ash* cállate, tú que sabes- contestó- a ti te gustan puras chingaderas- Tony tenía la certeza de que no dejaría que nadie, ni nada le arruinara el día, aún faltaban cerca de cuarenta minutos para que todo iniciara.

-¿Quieres un dulce?- preguntó Jorge, tratando de subsanar el asunto. Tony lo volteó a ver.

-No, gracias- murmuró, *yo espero al mío.*

PARTE 6

DESDE EL ESCENARIO

Cada vez que salía, se ponía nervioso como si fuera a recitar un poema enfrente de todos sus compañeros de la primaria el día de la Madre. Vestía de gris, con un saco y unos jeans azules, una bufanda gris también, le colgaba casualmente del cuello.

-¿Ya está?- preguntó al resto de los miembros de la banda, aplaudiendo.

-Ya mi Alex, cuándo digas- el baterista se acomodó el peinado, su nombre era Sergio.

-Aguanta, me cala algo en los ojos- dijo Pablo, el guitarrista, quien tomando un kleenex se limpio los párpados y el resto de la cara.

-¿Estás listo Alex?- el bajista, Lucio le puso la mano en el hombro y le aflojó la bufanda- esta madre te va a ahorcar, mejor quitatela.

-No mames, está chida- Alex se la volvió a acomodar y los miró a todos, frotándose las manos- salimos.

La primera de las luces volvió a hacer que a Pablo le calaran los ojos y automáticamente se tapó con la mano, Sergio saludó con las manos en alto, Lucio gritó pero su expresión fue opacada por la euforia que venía de la gente. Alex recorrió al público con la vista, tomó el micrófono entre sus manos, sonrió y empezó a cantar.

PARTE 7

EL ÉXTASIS

Tony no podía creer que estuviera tan cerca, ni que a pesar de ello, aquel momento no fuera a durar mucho, a lo mucho restaban otros diez minutos para que Mayo se retirara del escenario. Pero todo había sido tan perfecto como había imaginado desde que supo de aquella presentación.

Ocho minutos y estaba segura que pronto se irían, ya se habían salido del escenario y regresaron porque el público les exigía otra canción más. Quedaba poco tiempo y Tony lo sabía. Volvería a escuchar la voz de Alex Jara en su mp3 y en los videos, nada más, como antes, y eso le produjo una profunda tristeza.

Cinco minutos y seguramente se irían, sentía lo contrario a un vació dentro de sí, sentía un peso, como si le hubiesen dejado caer un martillo en el estomago, como si todos y cada uno de los fines de semana de su vida estuvieran arruinados, como si las vacaciones de repente estuviera prohibidas o la moda fuera ser tonto. Con cada paso del tiempo, de ese poco tiempo que tenía, Tony comenzaba a sentir un sabor amargo en la garganta, peor que cualquier tipo de anginas, y lo que más la frustraba era que con nadie podía hablar de ello abiertamente, pues todos se burlarían de ella o minimizarían aquel sentimiento.

Tres minutos y la canción estaba por llegar a su fin, Jorge parecía incluso emocionado con la actuación de Mayo, había sido una sorpresa muy agradable para todos aquellos que habían ido al concierto para ver a otras bandas. Un minuto.

PARTE 8

LA DECISIÓN.

Alex Jara decidió que se aventaría al público al terminar, y lo decidió cuando las ganas de llorar lo invadieron, luego de escuchar a cerca de 2000 voces coreando una canción escrita por él. No sabía si alguna vez volvería a sentir ese impulso y esa seguridad, podría ser que el día de mañana la gente se aburriera de él, de su voz, que alguno de sus compañeros fuera lo suficientemente arrogante como para crear una banda diferente y abandonarlo, que Diana se olvidara de él y lo dejara viviendo solo, sin inspiración alguna, aunque se hacía tonto si pensaba que su novia era su principal móvil. Pero decidió aventarse para que el público lo cargara, simplemente porque le nació hacerlo, porque la adrenalina, cosa a la cual él siempre fue adicto, le emano de una manera tan única, que quiso tocarla un poco más de cerca y compartir esa pasión con la gente que aquella noche, le había prestado voz, cantando con él.

PARTE 9

EL PRIMER ROBO

No había razón alguna para esperar eso, en la cabeza de Tony todo era emoción burbujeante, casi efervescente. Su primer sentir cuando vio que Alex se lanzaba hacia ellos fue miedo, nunca esperaría morir aplastada por él, pero cuando el resto gritó y lo cargaron, pasándolo de mano en mano, Tony tuvo que decidir rápido, era tocarle el cabello, tratar de besarlo o arrancarle la bufanda. Lo tuvo tan cerca, que pudo ver las gotitas de sudor corriéndole en la cara, su piel tan cuidada y los ojos cerrados, apretando las pestañas. Un beso quizá hubiera sido mejor, un beso a Alex, mientras de fondo se escuchaba el fin de una de sus canciones favoritas de todos los tiempos, una canción casi electrónica o *indie*, no estaba segura, nunca lo estuvo. Pero no tuvo tiempo de pintar ese escenario romántico que en su cabeza había imaginado muchas veces, así que sus manos se las arreglaron para subir lo suficiente y de un tirón, jalarle la bufanda que colgaba de su cuello. El tacto era suave y un poco mojado, debido al sudor. Tony la dobló entre sus manos y la metió bajo su playera, cuidando de que nadie lo notara, que nadie se la arrebatara, era suya, ella se había tomado el trabajo de pensarlo y de estirar las manos para tomarla, además sabía que la merecía.

Y Mayo se fue, salieron del escenario aventando besos y despidiéndose, saltando, dando gritos, la cara de Alex exponía una euforia que Tony sintió compartida.

PARTE 10

LA IDEA

Aquella noche, Tony no pudo dormir, y tampoco Alex. A ella le dolía el cuerpo de los empujones, y las piernas por haber estado de pie tanto tiempo brincando. A él le dolía la garganta, se había resfriado, la mezcla de sudor y viento le habían hecho sentir mal, tenía escozor en la garganta y congestión nasal. El cuarto del hotel era sólo para él, no compartía con los demás.

Tony tampoco compartía cuarto con su hermano desde que tenían diez años. Trataba de dormir con la luz prendida, recordando cada momento del concierto, y queriendo revivir en la cabeza cada canción. La bufanda de Alex Jara descansaba en la almohada de al lado. Tony no quería tocarla, para no quitarle la esencia, y mucho menos quería que nadie la tocara nunca.

A las treyde la mañana, seguía sin poder pegar los ojos; se puso a hojear un periódico que se encontró en el cuarto de sus papás, de esos repletos de anuncios vendiendo oro, cremas para bajar de peso, fondos para el celular y muchas otras cosas. Cuando Tony comenzaba a leer una noticia en la que se informaba que Consuelo Duval se había hecho la cirugía plástica cuatro veces para agradar a su marido, vio en la página contigua algo que llamó mucho su atención. El anuncio resaltaba de los demás por ser gris y discreto, a comparación del resto que tenían como fondo parejas besándose, decía *"Al alcance de tu mano",* Tony se miró sus propios dedos y sonrió ante la casualidad de la frase. Siguió la lectura *"no hacemos amarres, no te dejes engañar por la competencia, pero te aseguramos que con nuestro servicio, una parte importante de ese ser querido, permanecerá siempre en ti. El amor no se puede forzar, pero otras cosas sí"* rezaba el pequeño anuncio.

-No mamen…- murmuró Tony, con una media sonrisa. Luego de pensar por más de media hora, arrancó el papelito y apagó la luz. Minutos más tarde, se quedó dormida.

PARTE 10

MAL PRESENTIMIENTO

La gripa no se le quitaba, por más que tomaba pastillas y té de limón, ésta parecía ir de mal en peor. Casi no podía hablar, y el malestar le impedía dormir bien.

-Guey, ¿no te habrás fumado algo que te desmadrara así?- preguntó Lucio, una vez que abordaron el avión. Alex tenía la nariz roja y llevaba una chamarra azul que le cubría casi todo el cuello.

-No me estés chingando- dijo con una voz de ultratumba y cerró los ojos.

-Uts, pues qué genio, yo nomás decía- aclaró su amigo, poniéndose los audífonos.

Alex trató de no pensar, de concentrarse en que aquello sólo era un resfriado y que

pronto pasaría . Repentinamente abrió los ojos de nuevo, toda la pesada sintomatología

del resfriado le había hecho olvidar algo. Tocó a Lucio en el hombro.

-¿Traes chicles?- le dijo.

-Sí, ¿por qué?- Lucio se quitó los audífonos.

-Es que sé que voy a vomitar- señaló, aún con la voz ronca y casi inaudible.

-Estas loco, güey- no obstante, Lucio sacó el paquete morado y se lo entregó.

-No sé, tengo un mal presentimiento- Alex volvió a cerrar los ojos.

PARTE 11

EL SEGUNDO ROBO

La verdad era que Tony había esperando entrar a un lugar oscuro, colonial, con el cliché de cabezas de cerdo colgando y hojas de pirul por todos lados. Había esperado ver un brasero de incienso en la puerta y colguijes de deidades africanas, imágenes de la Santa Muerte envuelta en tela morada y naranja. La impresión casi decepcionante que Tony sintió al entrar a una casa de Infonavit, pintada de blanco, con dos velas en la mesa del comedor y dos hombres vestidos de blanco sentados en ella, fue como la decepción que siente un niño cuando pide una botarga de Batman para su cumpleaños y le envían una de Robin, o aún peor, de Blue Demon.

-Pase señorita- dijo uno de los hombres, ambos tenían alrededor de treinta años.

-¿Con quién fue con el que hablé por teléfono?- preguntó ella, sentándose en la mesa.

-Conmigo- dijo el de la derecha, que era blanco y calvo. Un silencio incómodo se coló en el ambiente.

-Bueno- dijo el moreno aplaudiendo, tenía barba y ojos cafés- manos a la obra, cuéntanos acerca de este niño- le dijo sonriendo.

-Pues...- Tony apretaba la bufanda en sus manos, sintiéndose como una loca peligrosa- se llama Alejandro Jara, tiene 29 años, le gusta la música, de hecho él es músico, tiene los ojos azules más hermosos del mundo, el pelo ondulado y canta muy bien.

-Aja, muy bien- el calvo hacía anotaciones.

-¿Han tenido alguna relación sentimental?- preguntó el otro. Tony rió.

-Nunca, y no creo que pase, sinceramente.

-¿Amor imposible?- el calvo levantó la vista.

-Algo así.

-Niña, tienes que ser clara, si no lo eres difícilmente podemos hacer algo por ti- la regañó.

-Me siento ridícula

-No te apures- dijo el moreno, que lucía más amable- todos los que vienen la primera vez se sienten ridículos.

-Yo más.

-Eso dicen todos.

-Él es cantante de una banda famosa- aclaró Tony. Ambos tipos se miraron.

-¿De cuál?- dijo uno.

-Mayo.

-Mmm, ¿es uno alto, de pelo como chino, y de ojos azules?

-Él es Alex Jara.

-¡Ah mira!, sí lo ubico, pero no sabía que así se llamaba.

-Bueno, en fin, esto es ridículo, creo que mejor me voy.

-Como desees, pero no pierdes nada intentándolo- le sonrió el moreno, guiñandole un ojo. Tony lo miró y permaneció en su lugar.

-No vamos a hacer que se enamoré de ti- aclaró el calvo.

-Eso es imposible, nadie puede hacerlo, aunque no fuera famoso, aunque fuera tu vecino o tu compañero de clase, eso es imposible.

-Lo sé- Tony no pudo evitar un poco de desilusión en su voz.

-Pero sí podemos hacer algo por ti- indicó el calvo.

-¿Qué llevas en la mano?- Tony levantó la bufanda, cuyos bordes en azul la hicieron lucir sumamente bonita, no era cualquier prenda.

-¿Es suya?

-No, es del chofer del taxi que me trajo- Tony no pudo evitar el sarcasmo- sí, claro que es suya.

-Sin sarcasmos ni jetas, niña, ¿Ok?- el calvo tomó la bufanda.

-Pues sí se viste bien el tipo- comentó el moreno.

-Necesito, Tony, que pienses en lo que más te gusta de este muchacho, lo que más le admires, lo que te hizo venir aquí y contra tu sano juicio, estar sentada en una mesa con dos desconocidos que bien te pueden robar o violar, pero que a pesar de ello, quisiste venir- Tony cerró los ojos y rememoró la primera vez que escuchó cantar a Alex. Había sido 4 años antes, mientras cambiaba de canal en la TV, Jorge y un par de amigos más sentados en su sala.

-Tocan chido esos- dijo Jorge.

-Son como Zoe región 4- contestó otro.

-El vocal está guapo- murmuró Tony, comiendo palomitas azucaradas. Jorge la miró

-La neta, sí suena bien copia de Zoe, pero más de Babasónicos- dijo.

Tony sonrió, no eran copia de nadie, y menos Alex.

-Tony- dijo el calvo- es importante que digas la verdad, ¿Qué es lo que más te gusta de él?, di la verdad, porque lo que te guste, eso será para ti-

En ese momento Tony tuvo que aceptar que la voz de Alex era nasal y un poco molesta, que sus letras podrían ser pretenciosas y que su personalidad era muy fresa para ser rockero. Le dolió un poco darse cuenta de las fallas y defectos de Alex, le dolió como duele enterarse que tu mejor amigo de la primaria está en la cárcel o que tu tío tiene un problema monetario.

-No sé- respondió Tony, los dos tipos la miraron.

-Esa es la respuesta más estúpida que pudiste dar.

-¿Qué es lo que más te gusta de él?-volvió a insistir el calvo.

Tony recordó a Alex aventándose al público, sonriendo, con los ojos cerrados, el cabello en desorden, la manera de tomar el micrófono, el temblor de su boca cuando la gente cantó al unísono con él.

-¿Y?

-Su pasión.

PARTE 12

SÍNTOMAS

Alex llegó a su casa en el Pedregal sintiéndose mareado. Tenía náuseas y las manos le temblaban. Al entrar, dejó las llaves sobre la mesa, donde encontró un recado de Diana.

"Fui con Paty y Lulu a la cámara de bronceado!!, Besos, te amo!!".

Alex dejó el papel con indiferencia y se puso a ver televisión. Estaba cansado, se sentía fastidiado, aunque no sabía si la razón era el vuelo, la gripe, o el hecho de que desde hacía un par de horas, lo último que quería hacer, era escuchar una sola nota musical.

PARTE 13

LA BUFANDA

Iban a ser las 7 de la noche cuando Tony abandonó el lugar, luego de intercambiar correos electrónicos con los dos tipos, el calvo se llamaba Mike y el moreno se llamaba

Luis, pero le decían el Gato. Tony llegó a su casa sintiéndose bien, con el gusto de haber intentado algo que tenía la certeza, no iba a resultar nunca. Sin embargo, haber pasado la tarde contándole a alguien acerca de él, sin sentirse tonta, le había dejado una sensación muy agradable. Se puso la bufanda de Alex, que aún olía a su perfume.

PARTE 14

EL PRIMER DÍA.

Alex se levantó a fuerza. Diana lo obligaba a acompañarlo a desayunar con unos amigos que tenían en común, pero lo único que el vocalista quería, era seguir durmiendo.

Llegaron a VIPS agarrados de la mano, ella sonriendo y él con una cara de fastidio que no quiso, ni pudo disimular. Se sentó pesadamente sin saludar a nadie más que con un leve inclinamiento de cabeza.

-Ay Alex, quita esa cara- le susurró Diana detrás del menú.

-No tengo otra.

-Ay no seas menso, sabes a lo que me refiero.

-No, no sé.

-Alex…- lo miró, seria.

-¿Qué Diana?, con nada se te da gusto, querías que viniéramos y aquí estamos, ahora quieres que sea un muñequito y cuente chistes o me paro de cabeza o ¿qué hago?- los amigos de Diana trataban de disimular haciendo como que no escuchaban.

-No te obligue a venir Alejandro- le dijo ella, haciéndose la ofendida.

-Pues me voy entonces, faltaba más- Alex se paró y sonrió a los amigos- se cuidan.

-¡Alex!- dijo Diana

-Te veo al rato-contestó.

-¡Alejandro!- volvió a decir, pero él ya cruzaba la puerta de cristal, recibiendo las llaves de su coche del valet parking.

No se entendía, no quería estar en ningún sitio, mucho menos en un restaurante, sentado, haciendo como que le interesaba lo que Diana y esas personas tuvieran que decir. Subió al coche y arrancó, poniéndose unos lentes oscuros. No prendió el radio, los últimos días sentía como si la música le produjera algún tipo de alergia, como si le diera comezón, dolor de cabeza, diarrea, reflujo, asco, todo de un junto.

Su celular sonó, sacándolo de esos pensamientos que no le gustaban.

-¿Sí?

-¿Qué onda, güey?- era la voz de Lucio.

-¿Qué pasó?

-Nada, aquí, oye, es que se me esta ocurriendo una idea chida para el disco nuevo, sé que aun falta, pero por si acaso, vale juntar todo, ¿no?- la voz de Lucio le resonó en los oídos como si le hubiera dicho que estaba en quiebra y que tenia que vender su casa y sus bienes por entero.

-No mames- respondió

-¿Qué?-Lucio se escuchó confundido

-¿Por qué estas haciendo eso?

-¿Qué tiene?

-Nada, pero pues, para saber, vamos a jalar juntos ¿o no?

-¿De qué hablas?

-No sé, no me siento bien, te marco al rato- Alex colgó, sin dejar oportunidad a que Lucio se despidiera. Recorrió varias avenidas hasta llegar a su casa, donde se encerró en su cuarto, pensando. Eran las 4 de la tarde y Diana no regresaba, pero esa no era su principal preocupación. Era una etapa, se refugió en la oscuridad, cerrando las cortinas, era una etapa.

PARTE 15

AUSENCIA

Eran ya dos semanas sin que Tony viera una noticia nueva en www.mayomusic.com. La del concierto había sido la última y la cara sonriente de Alejandro se veía en la pantalla.

No había novedades ni en Internet, ni en el radio, ni en la televisión. Tony comenzó a asustarse, a sentir como si estuvieran a punto de darle una noticia difícil de digerir.

PARTE 16

NO ES QUE NO PUEDA, PERO NO TENGO GANAS.

En el bar al cual acostumbraban ir desde que eran una banda de garage, Alejandro y el resto de los miembros de la banda se miraban con preocupación.

-No sé, tal vez estoy enfermo.

-¿De que?- le preguntó Pablo, quien ya usaba lentes.

-Si he escrito cosas, pero me salen de la chingada y así no puedo- Alex hundió la cabeza entre los brazos, dejando unas hojas en la mesa.

-A ver- dijo Lucio, tomándolas.

-No tengo ganas de nada, ni de cantar, ni de escribir.

-Ha de ser una etapa güey - le dijo Pablo, dándole una palmada en la espalda. En el bar comenzaba a sonar *"Creep"* de Radiohead.

-Ya he estado en etapas y no se parecen a esta.

-Estás bloqueado- dijo Lucio, dejando las hojas en la mesa.

-Ya he estado bloqueado y ahorita sí puedo, pero es que no tengo ganas.

-¿Cómo que no tienes ganas?

-Pues así, como cuando no tienes hambre, ni sueño.

-¿No estarás deprimido?

-¿Te va a dejar Diana?

-¡Me vale verga si me deja Diana!

-Es tu novia güey, qué poca.

-¡Mi novia es una pendeja a la que le tengo que explicar mis canciones!- gritó, llamando la atención de algunas mesas alrededor.

-Tenemos muchas aristas para resolver ese problema, Alex- dijo al fin Lucio.

-¿Ah, si? dime una- Alex, con cara de incredulidad y los ojos entrecerrados lo miró.

-No te va a gustar- le advirtió.

-¿Me ves con cara de andar eligiendo?, dimela pues- los ojos azul acero de Alex se posaron en su amigo.

-No escribas más- Alex no se quejó, los miró a todos, uno a uno.

-¿Alguien más piensa igual?- preguntó. No obtuvo respuesta.

-Te ves muy mal Alex.

-Claro que me veo mal, no he dormido, escribo pendejadas y esas pendejadas ni siquiera me salen bien, creo que ni tiene la categoría de pendejadas.

-Por eso lo decimos-se animó Lucio.

-¿Y entonces?, nomás dejamos… ¿y ya?

-Bueno…-Lucio lo miró, nervioso- la idea más bien era que uno de nosotros escribiera el siguiente disco, digo no perdemos nada- Alex lo miró, entendiendo.

-Pero…

-Queremos que estés bien, Alex.

-Estaré bien cuando pueda volver a escribir. Cuando tenga ganas de nuevo.

-Pues sí *man*, pero como dicen vulgarmente, el show tiene que seguir.

-¿Y qué haré?

-Puedes seguir cantando- Lucio se encogió de hombros y miró a los demás, buscando el apoyo.

-Sí güey, sigues siendo el *frontman*, pero nomás deja que Lucio escriba las canciones, tiene unas chidas, ya las vimos.

-Ya- murmuró Alex, seguía cruzado de brazos sobre la mesa.

Los demás no supieron qué decir, parecía que Alex ni siquiera tenía ganas de protestar. Por un momento lo desconocieron, pero la mirada tan azul y tan vacía que les devolvió Alex al asentir, estando de acuerdo, dio la bienvenida a una nueva etapa.

-Pedimos algo, ¿No?-dijo Lucio, levantando la mano, buscando al mesero.

-¿Saben qué?, me dio sueño, nos vemos mañana- Alex se levantó de su lugar y con las manos en los bolsillos, salió, dejando en el ambiente un aura de indiferencia.

PARTE 1

ROBO CONSUMADO

La bufanda de Alex estaba enmarcada en un cuadro en la pared. Tony la miró, y prendió su computadora.

Al conectarse al Messenger, una ventana que tenía la fotografía de un par de caballos la saludó:

Mr. Cliché. Sácame de aquí, no me dejes solo dice:

Hola niña, como estas?

::Tony:: J dice:

Hola Mike, bien y tu?

Mr. Cliché. Sácame de aquí, no me dejes solo dice:

También, aquí echando la hueva… ¿Qué pasó con tu músico?

::Tony:: J dice:

No han salido noticias nuevas…pero así es a veces, pasa una temporada sin mucho movimiento antes del disco nuevo.

Mr. Cliché. Sácame de aquí, no me dejes solo dice:

Ah

::Tony:: J dice:

¿Por?

Mr. Cliché. Sácame de aquí, no me dejes solo dice:

Me metí a su pagina, creo que sí hay una noticia…

PARTE 18

GRACIAS POR PARTICIPAR

El 25 de agosto del 2011 fue el último día que Tony ingresó a la página oficial de Mayo. Ese día subieron fotos del concierto en el DF, la cara de Alex no podía lucir peor, estaba demacrado, con ojeras, con el cabello cenizo y ya no lo tenía ondulado. Aquel concierto había sido dedicado a covers de varias bandas, y de Alex no se percibía una sola gota de emoción, parecía un Kurt Cobain al borde del suicidio. Tony sintió una punzada de culpa.

Al día siguiente, Jorge, se presentó en su casa, y le pidió que fuera su novia. Tony estuvo a punto de decirle que no, pero Jorge le dio una rosa y un disco envuelto en papel de regalo.

-¿De quién es?

-Es una banda nueva, se llama The Mosh, son de Monterrey- explicó Jorge. Tony abrió el disco y el vocalista le sonrió desde la portada. Usaba lentes oscuros y tenia el cabello negro. Tony abrazó a Jorge y pensó en lo bien que lucirían esos lentes en su colección.

FIN

ROMEO Y JULIETA EN FUERA DE JUEGO.

Cinco minutos para las 3 de la tarde, la cancha del estadio *Atletic* lucía completamente llena, del lado sur, los aficionados del *Inter Júnior* que habían hecho el viaje para apoyar a su equipo, adornaban las tribunas del estadio, ondeando banderas y vociferando cantos robados de Argentina, al unísono. Al mismo tiempo, ambos cuadros salieron del vestidor y se encaminaron a la cancha, atravesando el interior de un oscuro túnel. Sólo dos metros separaban a los jugadores, quienes se dirigían miradas de intenso desprecio, casi de asco.

Al frente del *Atletic Club* iba Eder Vázquez, soberbio con su cabello negro y su piel blanca, contrastando con el azul total de su uniforme, excepto por las calcetas blancas y el escudo en el pecho.

El primero en la fila del *Inter Junior* era Rafa Rubio, numero 15 del equipo, quien a pesar de no ser muy alto, su moreno rostro reflejaba orgullo por ser el capitán del equipo cuya indumentaria era un jersey negro y un short rojo, con medias negras. Atrás de Rafa estaba Joaquín, el simpático jugador, amor imposible de miles de fans. Su cabello castaño lucía impecable entre las sombras del túnel, y hacía juego perfecto con el número 10 en la espalda de su uniforme.

El silbatazo del árbitro llamó a ambos capitanes al centro de la cancha. Eder y Rafa se acercaron corriendo.

-Antes de llevar a cabo el volado para decidir el saque inicial, les advierto que las tarjetas estarán muy baratas muchachos, no quiero un solo golpe, ni un solo conato de bronca, ¿estamos?, el primer jugador que se pase de vivo, sin importar de qué equipo sea, inmediatamente se va expulsado, ¿de acuerdo?.

-Sí profe- respondió Rafa, sonriendo con ironía.

-Sin problema- habló Eder, tronando sus dedos.

El saldo final fueron ocho tarjetas amarillas por equipo, dieciséis en total se escribieron en la cédula de aquel encuentro que concluyó en un empate, ya que después del penalti cobrado y anotado por Eder, era prácticamente imposible que los jugadores de las dos escuadras se concentraran en otra cosa que no fueran las patadas , los pechazos y las provocaciones.

***

La noche de Los Balones de Oro, los jugadores del *Inter Junior* llegaron al Hotel Hilton luciendo sus trajes de manera radiante, algunos se sentían incómodos y habían aflojado la corbata, otros entraron al elegante salón con paso firme. El lugar era amplio, los 17 equipos de la primera división estaban reunidos; 700 personas, incluyendo directivos de los clubes y federación.

-Ya regreso, voy un momento al baño- dijo Joaquín consciente de que nadie lo escuchaba y que a nadie le importaba a dónde fuera. Llegó hasta el bar, pero su mirada se distrajo viendo bailar a una chica de pelo rojo, que llevaba un vestido blanco y corto. Su rostro sonriente, sus carcajadas y la manera en que se movía lo congelaron por unos instantes.

-Señor, ¿le sirvo algo?- preguntó el barman. Joaquín lo miró sonriendo, distraído.

-¿Eh?

-¿Que si le puedo ofrecer una bebida?- insistió.

-Claro, un rob roy- señaló Joaquín e inmediatamente volvió los ojos a la pista, buscó a la pelirroja con la mirada, sin encontrarla; no obstante, al girar la cabeza, se dio cuenta de que estaba al lado suyo y que el barman le hablaba.

-¿Una bebida, princesa?

-Si un whiskey con agua mineral por favor-

-¿Whiskey con agua mineral?- dijo una voz a su lado, Amber volteó y se encontró con los ojos castaños que había visto unos momentos antes- ¿Me dejas probar- preguntó sonriendo.

-¿Los futbolistas toman whisky? - preguntó ella curiosa, pasándole el vaso.

-En ocasiones- Joaquín bebió un poco, y al regresarle la bebida se encontró con la mano de Amber- ¿cómo sabes que soy futbolista?

-Casi todos aquí lo son, excepto los que parecen muy mayores para serlo, en ese caso son entrenadores o parte del cuerpo técnico.

-Ó de los directivos.

-Sí pero esos son desagradables y tú no lo pareces- dijo ella con honestidad. Joaquín río.

-Entonces yo soy…- él le puso una mano en la cintura.

-Eres futbolista, y creo que al serlo no debes meter las manos- Amber entrelazó los dedos con los de él, no sabía por qué lo hacía.

-Eso es cierto, no las manos- nunca en su vida Joaquín había sido víctima de sus propios impulsos como en aquel momento, ni al cobrar un penalti cuando su equipo ascendió a la primera división, ni al maldecir al árbitro yéndose expulsado por tres partidos, ni al ser llamado a la selección sub - 23 hacía un par de años. Se acercó y besó a la desconocida del pelo rojo. No sabía quién era, pero por su manera de portarse, tenía ganas de lo mismo que él. La besó por varios segundos.

-Tengo que regresar a mi mesa- dijo ella, separándose.

-¿Cuál es tu mesa?- preguntó Joaquín. Pero cuando Amber abrió la boca para responder, el lugar se paralizó.

-¡Para conducir este evento, tenemos la presencia de Javier Alarcón y Gabriela Fernández de Lara!- se escuchó una potente voz.

-Tengo que regresar, te veo cuando termine la premiación- Amber comenzó a alejarse y Joaquín, aún extrañado consigo mismo, regresó lentamente a su propio lugar. Después de anunciar varios premios, por fin tocó el turno a la categoría en la cual Joaquín estaba nominado.

-Un buen equipo depende mucho de su media cancha- comenzó Gaby Fernández- su voz resonaba en todo el lugar.

-Alguien que brinde la oportunidad para la salida y a la vez, sepa hacer labor de sacrificio y defender- continuó Javier Alarcón.

-¡Estos son los tres nominados a mediocampista del año!

-Fabián Cruz, del Club Roca- la audiencia aplaudió

-Sergio Jiménez, del equipo Atlético Corona- más aplausos.

-¡Y el último nominado es Joaquín Defranco, del Inter Junior!- El aplauso fue mayor, Joaquín había sido el mejor del año, anotando 7 goles y dando 15 pases a gol.

-El ganador es...-comenzó Javier Alarcón, mientras Gabriela abría el sobre- ¡Joaquín Defranco!- Las ovaciones de la mesa del Inter Junior fueron fuertes, mientras Joaquín se ponía de pie para recoger su premio, su amigo Rafa le daba la mano. Seguido por una luz blanca, Joaquín llegó al escenario.

Nunca antes Amber había sentido una mezcla de sensaciones tan intensa como en el momento en que vio a aquel jugador caminar hacia el escenario. Un fuerte golpe de ternura, emoción y curiosidad la sacudían por cada movimiento de él; cuando se acercó a saludar a Javier, quiso ser la mano del conductor para sentir el contacto de los dedos de Joaquín como había sido unos minutos antes.

-Pues, antes que nada- comenzó el mediocampista, Amber sonrió al escuchar su voz- quisiera agradecer a todos aquellos que me han brindado su apoyo- Joaquín sonreía- especialmente agradezco a mis padres, a mis hermanos- Amber quiso esta vez ser el micrófono por el que hablaba, quiso ser todos los micrófonos por los cuales alguna vez Joaquín había dado entrevistas, y así sentir su aliento repetidas veces- finalmente, quiero dar las gracias a la que ha sido mi casa, mi otra familia, ya que sin ellos jamás hubiera logrado esto, este premio es para ellos- Joaquín alzó orgulloso el balón de oro- para mi club, ¡el INTER JUNIOR!

***

Joaquín de repente se sentía distraído, un mal presentimiento le dolía en la garganta, sus amigos bromeaban pasando su premio de mano en mano, Javier Alarcón y Gaby Fernández anunciaban la terna de delanteros.

-¡El premio al mejor delantero, es para Eder Vázquez, del Atletic Club!- Escuchó decir a Javier, mientras el joven de pelo negro caminaba al escenario, lo observó agradecer, pero no fue sino hasta el final de sus palabras, que sintió la novedosa consternación.

-…mis principales agradecimientos son para mi familia, para mi hermana que también es parte de nuestro club, esto es para ti, Amber- Eder señaló en dirección a su mesa y todas las luces se posaron sobre Amber. Como en cámara lenta, la mirada de Joaquín recorrió el lugar, pasó de Eder hasta el punto donde la luz brillaba, la que había besado y buscado toda la noche, aplaudía mirando a Eder con los ojos llorosos y Joaquín entendió, en su ropa, en su vestido azul con zapatillas blancas, reflejando los colores del Atletic Club, estaba la pelirroja llamativa de hacía un rato.

***

Al llegar a su hotel, Joaquín y Rafa Rubio, se acostaron a dormir sin comentar nada, había sido un día largo. A las cinco de la mañana, el mediocampista se levantó y sin hacer ruido, se puso su pants de concentración, tomó su celular, su cartera y después de mojarse un poco el cabello, salió del cuarto.

Cuarenta minutos después Joaquín llegó a aquel hotel enemigo. Afuera estaba el autobús oficial del equipo rival, el corazón le dio un vuelco y con cuidado de no ser visto, se internó en los jardines del elegante complejo. Todas las habitaciones estaban en la planta baja, pero aún así, sería complicado saber cuál era aquella en la cual estaba Amber. Joaquin sabía que era un riesgo, sabía que no debería estar ahí, entre las sombras matutinas de los árboles en aquel sitio. Pensó en lo extraño que sería si lo veía algún jugador del Atletic Club, o quizá algún miembro del cuerpo técnico. No, nada sería peor que verse descubierto ante un jugador enemigo.

Caminó entre los árboles mientras comenzaba a amanecer, cuando vio una ventana con la luz encendida, que llamó un poco su atención. ¿Sería posible que Amber tuviera la misma inquietud que él? ,¿Qué no pudiera dormir tampoco?, Joaquín observó la ventana por unos momentos y se mareó un poco cuando ésta se abrió; ahí estaba, la misma Amber, vistiendo un pants azul cielo y una playera blanca, con el escudo del Atletic Club. El jugador no podía creerlo, era demasiado, una casualidad extraña y por lo tanto, perfecta. Amber tenía los ojos enrojecidos por la falta de sueño.

-¡Mierda!- murmuró, el silencio permitió que Joaquín escuchara cada palabra- Como siempre mi mala suerte, ¡como siempre! no puedo creerlo, ¿Por qué tiene que ser así?, ¡dieciocho equipos en primera división y tienes que ser parte del nefasto Inter Junior!- Amber hundió el rostro entre las manos y luego levantó la cabeza como si un nuevo pensamiento le diera esperanza- pero es sólo un equipo, es sólo fútbol, ni la camiseta ni los colores hacen al ser humano detrás… ¿o sí?

-No, no lo hacen- murmuró Joaquín, en voz baja, esperando no ser escuchado, pero el sobresalto de Amber, lo hizo darse cuenta que se había delatado. Ella miró a todos lados, tratando de encontrar el origen de la voz, sin éxito. Sin importarle más y consciente de que tenía poco tiempo, Joaquín corrió hasta la ventana tan rápido, que Amber no tuvo tiempo de asustarse.

-¿Qué estás haciendo aquí?, ¿te volviste loco?- le dijo ella, una vez que estuvo completamente segura de que aquello no era un sueño.

-¿La verdad?, no tengo la menor idea- contestó, la cara de Amber se veía hermosa entre las primeras luces de la mañana, - quería verte y pedirte tu número, además de que te escuché hablar hace un momento, ¿hablas sola muy seguido? ¿No te parece raro?

-¿Qué dices?, ¡no! era la televisión- se defendió. Joaquín rió

-Me parece que la loca aquí eres tú- se rió él.

-¡Yo no estaba hablando sola! , ¡te lo imaginaste!

-Lo dudo mucho, pero pienso igual, es sólo fútbol, ¿no?, son sólo playeras, estadios, colores…- Decía el mediocampista; era la segunda vez que Amber veía a aquel jugador y coincidía con él en la totalidad de sus palabras, o quizá era que le convenía coincidir debido a las ganas que tenía de besarlo.

-Sólo colores- repitió ella, mirando el rojo y negro del pants de concentración que vestía Joaquín.

-¡Aunque el color rojo sin duda es mejor!- Dijo Joaquín.

-No lo creo.

-Si no lo creyeras así, no llevarías el pelo del mismo color- guiñó un ojo. Amber trató de contener la risa, pero no pudo.

-Tienes que irte, no puedes estar aquí, si te ve alguien, pensará que estás espiando al equipo o planeando algo en contra, o buscando tomar ventaja..

-Es lo que busco, aunque no de la manera que ellos piensan- sonrió Joaquín, sosteniéndose del alféizar de la ventana.

-¡No seas tonto!, de verdad tienes que irte- lo apuró Amber, mirando preocupada hacia todos lados y bajando la voz. Joaquín miró su celular, el tiempo avanzaba y él tenía que regresar a su hotel, su equipo viajaba de regreso aquella misma mañana - me da miedo que alguien venga, o que te vean, no quiero ni pensar…-

-Al carajo, no me importa- dijo Joaquín. Se acercó buscando un beso, que ella rechazó en primera instancia.

-Ya vete Joaquín, que te van a ver.

-Dos minutos y me voy- Joaquín le pasó la mano por la cara- esto es como ser campeón.

-No exageres-le dijo ella riéndose.

-Es como cometer faltas sin que el árbitro te vea-insistió el jugador.

-Como ser portero suplente y alinear sin que el titular esté expulsado o lesionado-aportó Amber con duda, hablando de su área: la medicina deportiva.

-Como anotar un penalti.

-O hacer un túnel- Amber sentía que sus comparaciones eran clichés, pero aún así respondía. Algo en él la hacía querer pensar rápido.

-Como golear al Atletic- Joaquín se interrumpió, aguantando la risa, esperando que ella no fuera tan agresiva al respecto como los jugadores de su equipo.

-O que el Inter sea sotanero.

-¡Pinche fútbol!- Joaquín la abrazó y dándole un beso más, se fue caminando entre los jardines, ilusionado como un debutante que anota en su primer juego.

***

Ya era martes y Joaquín se encontraba encerrado en su habitación, estaba solo, pues Rafa había salido a encontrar a unos familiares que lo visitaban.

El mediocampista se acostaba, se levantaba, prendía la televisión, veía fútbol italiano, jugaba con su iphone, abría botellas de agua, y no conseguía calmarse. Eran las 11 de la mañana y no había señal de ella, aun cuando había prometido enviarle un mensaje una vez que su avión aterrizara.

Había sido un solo día de espera y Joaquín no veía la hora de que el campeonato terminara, ansiaba pasar a la final, y ser campeón, pero por otro lado, ansiaba también que el Atletic Club aterrizara.

El ruido de su celular vibrando en la madera del buró lo asustó, pero inmediatamente lo tomó entre sus manos y vio lo que había esperado todo el día :

"Un viaje terrible, todos están nerviosos, pero ya tocamos tierra, nos quedaremos en el Marriot. Un beso".

Joaquín sonrió y suspiró, tecleó algunos botones y envió el mensaje de respuesta:

"Creí que no llegarías, que te quedarías dormida después de la desvelada en el messenger".

Joaquín esperaba con ansia el mensaje de respuesta:

"¡¡Cierto mediocampista no me dejaba dormir!! Jajajaja, ¿y entonces?"

Ahí estaba la pregunta esperada, Joaquín tenía todo planeado:

"Nos vemos a las 6:30 en el parque que está atrás de nuestra casa club, toma un taxi y pide que te lleven a la Casa Junior, ahí te espero"

Lo envió, nervioso. La respuesta no tardó en llegar.

Joaquín llegó al parque manejando su camioneta y se estacionó, impaciente, Amber aún no estaba ahí. Se preguntó qué excusa daría ella para poder salir del hotel, si es que daría alguna. Ataviado con el otro modelo de pants de concentración, negro con delgadas líneas rojas, se sentó en el pasto, esperando, no había nadie mas en aquel lugar, el ruido lejano de carros le hacia impacientarse más. El taxi de Amber finalmente llegó.

-Tengo veinte minutos, dije que iría a comprar shampoo en el súper que está al lado del hotel, no se me ocurrió otra excusa, no conozco a nadie en la ciudad.

Joaquín no contestó, la abrazó y cerró los ojos. Al día siguiente jugaría uno de los partidos más importantes de su vida, y ella era la razón por la cual aquello se había convertido en un evento secundario y repetible. En sus ojos cerrados pasaron millones de imágenes; él comprando sus primeros zapatos de fútbol, mirando por televisión los encuentros de Antonio Carbajal, Miguel Mejia Barón y otros más. Su debut, su primer gol, la primera vez que cambió camiseta o que pisó la cancha, su balón de oro, y reconoció que nada de eso...

-Tuvo sentido sino hasta ahora- dijo contra el cabello de Amber.

-¿Qué dices?

-Solo pensaba, creo que si fuéramos pareja protagonizaríamos un buen reportaje de color- rió Joaquín.

-¡Todo sea entonces en nombre de la televisión!- suspiró Amber, sin parar de reír- ahora llévame de regreso, déjame cerca del hotel, mañana tienes que jugar un partido y si no llego ya mismo, alguien comenzará a sospechar.

***

En el partido de vuelta, el Inter Junior salió a la cancha con todas las advertencias del mundo sobre sus cabezas. El entrenador les dejó muy en claro que no quería una sola tarjeta en su contra, ni amarilla, ni roja; muy a pesar del berrinche del capitán Rafa Rubio, el equipo terminó por ceder cuando se les indicó que por cada tarjeta, serían multados con cincuenta mil pesos.

-No pasa nada, güey- le dijo Joaquín a Rafa- de todos modos, sabes que la Federación nos advirtió de cualquier tipo de pleito- el equipo se acomodaba en la cancha, mientras esperaban que el Altletic Club se tomará la fotografía.

-Ya sé, pero ahora vamos a jugar con miedo de cometer una falta, y mejor que no me busquen, porque fácilmente me encontrarán-dijo, mientras Eder Vázquez, el capitán del acérrimo rival, pasaba al lado suyo, mirándolos a ambos con desprecio. Joaquín vio un poco de los gestos de Amber en su enemigo, ya que después de todo era hermano de ella, y no pudo evitar sonreír.

-¿Qué me ves, pendejo?- preguntó el delantero del Atletic Club.

-No es nada Eder- extendió su mano con amabilidad- mucha suerte- dijo con cortesía.

 Eder y el mismo Rafa Rubio se miraron confundidos ante la actitud de Joaquín. El enemigo se dio la vuelta sin estrechar la mano, casi ofendido por el gesto amable .

El partido inició entre cantos encendidos de ambas aficiones, la noche lucía adecuada para el fútbol y la mínima brisa de viento que había en el estadio, recorría las espaldas de los jugadores. Joaquín buscó un rostro conocido en el palco mientras movía las piernas calentando y después de recorrer un par de caras, se topó con la mirada de Amber, quien desde su lugar con el cuerpo médico y la directiva del Inter Junior, le sonreía.

Durante los primeros minutos del encuentro, el balón se jugó en media cancha, pasando mucho por los pies de Joaquín, a ambos equipos se les dificultaba la salida, se habían estudiado muy bien. Pasó el minuto 34 del primer tiempo; uno de los jugadores más altos y fornidos del Atletic Club le dio un fuerte codazo a Joaquín, quien cayó al suelo, el árbitro marcó la falta, sin embargo, Eder Vázquez no se guardó las ganas de ir a escupir sobre Joaquín, mientras este estaba en el suelo. Para todos, dicho detalle pasó desapercibido, excepto para Rafa, quien inmediatamente fue al lado de Joaquín.

-¿Estás bien, cabrón?- preguntó- vi que ese mierda te escupió, pero no te preocupes, ahorita le pagamos con la misma moneda.

-No Rafa, deja las cosas así, acuérdate que ya llevas una tarjeta amarilla del juego pasado.

-Me vale madres, ese imbecil tiene que aprender- Rafa aprovechó cada distracción del silbante para provocar a Eder, quien a su vez, respondía los ataques con codazos, jalones de playera y pisotones. El tiro de esquina que marcó la pauta llegó hasta el segundo tiempo, cuando ambos fueron a buscar el balón. Eder alzó la pierna de tal manera que el choque entre los dos jugadores fue impactante, cayó encima de Rafa en una entrada imprudente, temeraria y con fuerza desmedida, golpeándolo en el pecho y aplastándolo al caer. El silbatazo del árbitro hizo que Joaquín fuera corriendo hasta el punto donde su compañero estaba tirado en el césped.

-¡Está noqueado, carajo! ¡Rafa está noqueado, dejen entrar a las asistencias!- gritaba Joaquín. Con la visión casi nublada, vio como entraban al campo cuatro paramédicos con una camilla y el carrito de las emergencias. Miró con rabia a Eder Vázquez, quien no quitaba la mirada de Rafa, su intención no había sido lastimarlo a tal extremo. Sorpresivamente, el nazareno se limitó a sacar nada más una tarjeta de amonestación al delantero del Atletic. Joaquín se acercó furioso.

-¿Cómo una amarilla nada más? ¡Este hijo de perra le rompió la madre a mi compañero!- el árbitro no se inmutaba ante los reclamos de Joaquín.

Cinco minutos más tarde, el partido se reanudó; Rafa había tenido que ser trasladado al hospital, mientras la afición lo despedía con una gran ovación.

Joaquín corría tras el balón, con los ojos empañados por las lágrimas, disimulaba su coraje y su preocupación, ya que había escuchado que seguramente aquello sería una lesión cervical. A cinco minutos del final, el mediocampista del Inter Junior encontró la oportunidad perfecta para aplicar la ley del *Talión*. Eder Vázquez conducía el esférico solo, tras recuperar el balón en un rebote en el medio campo, Joaquín lo miró, no debería estar en la cancha, con los ojos aun llorosos se barrió sobre Eder de una manera sumamente imprudencial, dicha acción ocasionó que el delantero dejará el pie atorado en el césped y un grito desgarrador penetró en todos los oídos cuando este cayó al pasto. En ese preciso segundo, Joaquín se dio cuenta de lo que había hecho. El árbitro pitó la falta sin dudar, sacó una brillante tarjeta roja de su bolsillo, y se la mostró a Joaquín. El joven jugador de pelo castaño que tan amable había sido un par de horas antes, se levantó del césped y sin poder creer lo que recién había ocurrido, caminó pasivamente hacia los vestidores. La afición en silencio hizo su camino aún más complicado, estaba seguro de que Eder tendría una lesión en la rodilla, no sabía hasta qué grado pero aquello era siempre grave.. La cara angustiosa de Amber sufriendo por su hermano se le dibujó en la cabeza y quiso salir de ahí inmediatamente. Corrió a los vestidores sin mirar a los paramédicos que iban hacia la cancha para auxiliar al nuevo lesionado. En menos de 5 minutos, se bañó y se puso su pants Sin voltear atrás, subió a su coche y salió del estadio.

***

Amber llegó a la habitación del hotel cansada y triste. Sin quitarse el pants de concentración se acostó en la cama, no prendió la luz. Miró hacia fuera, ¿Por qué Joaquín había hecho tal cosa?, Había arruinado a su hermano, quien a su vez probablemente había arruinado al defensa Rafael Rubio, pero eso no era excusa.

Miró su celular y un mensaje en la pantalla le sorprendió:

"Estoy en el lobby, ¿puedo subir?"

Amber no supo qué contestar durante media hora, hasta que recibió el segundo mensaje:

"quiero verte y decirte que lo siento, por favor".

Quince minutos después, ella contestó:

"OK, es el cuarto 1802"

Joaquin tocó con parsimonia, los pasos de Amber se escucharon al otro lado de la puerta. Cuando ella abrió, tenía los ojos enrojecidos, el pelo desordenado, estaba pálida y le temblaban los labios, pero su mirada reflejaba alivio, de tener frente a sí la única persona que en aquel momento podría consolarla. Joaquín sintió el corazón entumecido cuando la vio.

Eran las doce de la noche de un día terrible y ahí estaban los dos, en el umbral de la puerta, mirándose fijamente, cansados y odiando su mala fortuna, Joaquín no se movía, no lo haría. Pero Amber sí, al recordarlo corriendo por los jardines del hotel, supo que tendría que abrazarlo y finalmente lo hizo. Joaquín suspiró aliviado, sintiendo los ojos húmedos y casi jalando el cabello de ella.

***

A las ocho de la mañana un fuerte golpeteo en la puerta del cuarto hizo que Amber despertara repentinamente. Miró hacia la ventana, estaba nublado, a su lado Joaquín seguía durmiendo inmutable. Un nuevo golpe se escuchó en la puerta.

-Amber, ¿estás despierta?, soy Felipe, debemos regresar al hospital, Eder está bien, pero necesita hablarte- decía, Amber sintió que la sangre le subía a la cabeza y murmurando despertó a Joaquín.

-Es Felipe que está afuera, despierta Joaquín, tienes que irte… ¡Ya voy, te veo en el lobby en 10 minutos!- gritó.

-Muy bien, allá te espero- respondió Felipe aún afuera, alejándose, mientras Joaquín se ponía el pants con parsimonia, estaba muy cansado aún.

-No quisiera irme- dijo el mediocampista.

-Yo tampoco, pero tengo que ir a ver a mi hermano.

-Podría acompañarte- sugirió él.

-¡No! ¿Cómo crees?, por lo menos no ahora, la prensa te abordara, y estoy segura que la última persona que Eder desea ver es a ti, por favor Joaquín, no lo hagas difícil, regresa a tu hotel y yo te llamaré apenas salga del hospital, ¿de acuerdo? planearemos que hacer- sugirió Amber. Joaquín le tomó la mano, se veía tan asustada.

-Toda mi vida amé el fútbol de una manera escandalosa, tan traumado, no tienes una idea de cuánto significa para mí, pero ahora, lo único que quiero, es volverme repartidor, abogado, arquitecto, lo que sea, y poder permanecer en este cuarto contigo sin el sentimiento de culpa-Amber lo miraba y los ojos comenzaban a enrojecerse de nuevo- adoro el fútbol Amber, he soñado con tener todos los balones del mundo, con poseer cuanto trofeo exista, con ir a más de tres mundiales, con ser capitán, he soñado lograr todo en este deporte, pero hoy tengo miedo- la voz de Joaquín bajó de volumen- tengo miedo de perderlo todo, y creo que es lo que pasará, tengo miedo de involucrarte, de que la prensa diga que estás con el jugador que le partió la carrera a tu hermano, tú sabes cómo son esos hijos de la chingada.

-No me importa, que la prensa o mi directiva diga lo que quieran, esto es mi vida y puedo hacer con ella lo que me plazca.

-No seas tonta.

-¡No seas tonto tú! –gritó, para arrepentirse de inmediato y abrazarlo- iré a ver a Eder y te marcare a tu celular una vez que salga del hospital, y te juro que veremos que hacer, te aseguro que todo saldrá bien. Y seguirás jugando y serás campeón, y te convocarán a la selección, te juro que así será- dijo ella. Joaquín sonrió y aun abrazándola se dirigió a la puerta- baja, pero ten cuidado de que nadie te vea, por favor.

-No sé cómo no te conocí antes, cuando era un canterano- dijo el jugador. Abrió la puerta y salió. Amber salió detrás de él.

Ninguno se dio cuenta que el celular de Joaquín se había quedado tirado bajo la cama.

***

Amber llegó al hospital con un miedo latiendo en el estómago, entró a la habitación de su hermano, estaba demacrado y triste.

-No voy a jugar más- fue lo primero que dijo.

-Eso es imposible, una lesión así no te saca del fútbol, debe haber alguna manera…-el jugador negó con la cabeza. No había solución: su rodilla estaba destrozada como el más confuso de los rompecabezas.

-Y el imbécil de Joaquín sin un solo rasguño- los ojos de Amber se nublaron- lo único que me consuela, es que quedará inhabilitado de por vida. Si yo no puedo volver a jugar, él tampoco.

-¿Cómo dices?- preguntó ella, con temor a parecer obvia.

-Las reglas son claras: si me deja fuera por un mes, tiene que pasar un mes fuera también…si me deja fuera de por vida, también a él se le acaba su carrera.

-Pero Eder, ¿eso te hace feliz? no remedia nada...- Amber sentía demasiadas emociones en un momento así, tantas que no sabía a cuál hacerle caso.

-¡Estoy fuera del deporte, Amber! ¡Con un carajo y por su puta culpa!, ¡Soy un lisiado del fútbol!- Gritó él. Amber con los ojos llorosos, con el dolor de ver a su hermano lleno de odio, lleno de ira y de deseos de venganza, dio media vuelta y salió.

Apenas pisó la calle, marcó el número de Joaquín, sin recibir respuesta. Durante otra media hora, Amber continuó llamándole a Joaquín, y el mensaje de *"Bienvenido al buzón* de voz" le taladró la cabeza. ¿Qué pasaría?, ¿Por qué no contestaba?, ¿Estaría bien?, miles de cuestionamientos circulan por su mente. Joaquín quedaría inactivo de por vida, jamás realizaría su sueño de ir al mundial, de ser campeón, quedaría frustrado para toda la vida. Tal como Eder, quien probablemente no volvería ni siquiera a correr de la misma manera.

Dieron las seis de la tarde y el teléfono de Joaquín ya ni siquiera marcaba, sino que enviaba directo al buzón de voz. El mundo de Amber comenzaba a reducirse. Regresó a su hotel, pensando que quizá Joaquín volvería, pero a la vez , por alguna razón, sentía que no lo volvería a ver.

A las once de la noche, el teléfono del jugador continuaba apagado. Ella no podía tratar de localizarlo de otra manera. La cabeza le dolía, los ojos imposibles de soltar más lágrimas. El dolor, la desgracia que la rodeaba. Necesitaba dormir, necesitaba descansar. Sus pastillas de clonazepam descansaban en el interior del bolso. Aquella mañana había tomado su dosis normal, sabía que no debía excederse , pero necesitaba descansar. Unos miligramos más no debía ser mucho para poder dormir con todo el dolor que traía en el corazón.

***

La voz salía del televisor a un volumen bajo, los colores brillantes del estudio de aquel programa contrastaba con la voz del reportero:

-La desgracia parece cernirse sobre el Atletic Club, quienes quedaron descalificados de la liguilla por el título, además de que su capitán, Eder Vázquez, sufrió una lesión de meniscos, que probablemente lo aleje de las canchas de manera indefinida.

El reportero continuó de manera mecánica:

-Por si esto fuera poco hace un par de horas, el vocero del equipo informó que Amber Vázquez, kinesiologa de la institución, se encuentra en coma, debido a una sobredosis de antidepresivos, sin mayor información, se dio a conocer que la hermana de Eder Vázquez está en el hospital Ángeles. Vuelvo contigo al estudio, Raúl.

-Muchas gracias a nuestro compañero Beto López por la cobertura, y pues, ¿qué comentar?, es una verdadera tragedia lo que está ocurriendo en el equipo que como bien mencionas, fueron descalificados esté fin de semana de la liguilla.

-Es algo terrible sin duda, varios compañeros de los medios de comunicación están haciendo guardia en el hospital, siguiendo de cerca el progreso tanto de Eder, como de su hermana.

-Así es, y bueno, enviamos nuestros más afectuoso deseos a la familia Vázquez, y me atrevo a decir Raúl, que la sobredosis de Amber, es debido al incidente de su hermano, quien tras sufrir una fuerte entrada por parte de Joaquín DeFranco, resultó lesionado de una manera aparatosa.

-Así es, todos conocemos la rivalidad que hay entre estos dos cuadros, pero...

Joaquín no pudo seguir escuchando, apagó el televisor y con lágrimas en los ojos y un dolor inusual en la garganta, tomó las llaves de su auto y salió corriendo del hotel. Las llaves se le cayeron un par de veces debido al temblor de sus manos, no podía creerlo, el destino era demasiado cruel y aquello sólo era deporte, ¿en qué momento el fútbol dejó de ser lo más importante de lo menos importante?

Joaquín tragó saliva y pisó el acelerador, no sabía lo que encontraría al llegar al hospital, tenía miedo, le dolía la cabeza pensar en el acecho de los medios una vez que llegara ¿y si Amber no despertaba? Todas aquellas imágenes lo confundían, y súbitamente, todas y cada una de ellas, se mezclaron con un par de luces cegadoras, el ruido de un claxon y un impacto en su coche.

***

-Jornada negra para el fútbol mexicano, mi querido Raúl, compañeros del panel y estimado televidente, nos acaban de informar que el mediocampista Joaquín DeFranco, del Inter Junior, equipo que recientemente había accedido a la semifinal, acaba de sufrir un accidente automovilístico en la Avenida Reforma y ha sido trasladado al hospital donde a su vez se encuentran su compañero Rafael Rubio, así como el delantero Eder Vázquez y Amber, su hermana. Mientras observamos estas imágenes de Joaquín entrando al hospital en estado inconsciente, nuestro último reporte es que el mediocampista se encuentra en coma. Se ha informado que en media hora, el médico del Inter Junior, y el presidente del equipo, darán una conferencia de prensa, esperando que se tenga la seguridad de que la vida de Defranco queda fuera de peligro, sin embargo eso aún no lo sabemos, espere la información aquí mismo, en Televisa Deportes.

En la bullicioso Ciudad de México dos equipos iguales en tradición, campeonatos y palmarés, se concentran en el Hospital Ángeles, ambos presidentes deambulan por los pasillos de terapia intensiva, con sus respectivas comitivas; jugadores de ambos cuadros beben café y los medios de comunicación se amontonan afuera, entre los comentarios circula el rumor de que Joaquín iba al hospital a disculparse con Eder, otros comentan que iba a ver a Amber, con quien sostenía un romance desde hacía pocos días, otros susurran que Joaquín había chocado a propósito, debido a la culpabilidad, las versiones corren y llegan hasta los noticieros, se escriben rápidamente en el telediario y se comentan en las estaciones deportivas. Es la noticia del torneo, la desgracia se cierne sobre ambas instituciones, la final por el título es en pocos días, y ningún reflector se posa en la Copa, que al paso de los años, acumula polvo sobre su superficie de metal.

FIN

T_ROBADOR

Solo hay paredes repetidas y un cielo desteñido por el agua, pero ahora no hay sombras ni deseos.

José Antonio Parga.

La gente se arremolinaba para abandonar el Teatro Cruz Alta, eran ya las doce de la noche y el concierto había terminado. Los murmullos crecían en el lobby, emocionados describiendo aquella noche desde diversos ángulos.

Afuera, filas de taxis se estacionaban frente al teatro, esperando pasaje. Las voces expresaban una misma opinión, aunque de diferentes maneras:

-¡Estuvo padrísimo! ¡Canta hermoso!, cómprame un disco, amor.

-Tss, ese guey toca la guitarra chido, la neta aunque estuvo bien caro el boleto, valió la pena.

-Pues qué lástima , la gente que no vino se lo perdió.

-Me gustan más sus canciones de hace unos dos años, era más sencillo, pero igual estuvo bien.

Sentada en primera fila, se encontraba Minerva, sola, con los folletos en la mano, donde se leían fechas de las próximas presentaciones de Gerardo. Miró hacia el ya vació escenario, se podía sentir esa emoción en el ambiente, bajando de niveles. El concierto había sido un éxito, el teatro lleno a reventar y Gerardo salió contento del escenario. Minerva sacó un espejito de su bolso. El pelo de un castaño clarísimo, ondulado enmarcando su rostro, se veía despeinada y no deseaba que Gerardo la viera así.

Era la única que quedaba en el teatro, su hermano Leandro, representante de Gerardo, se había metido al camerino a felicitarlo, pero a ella no le gustaba, se sentía incómoda , como si fuera una molestia, por eso prefería esperar ahí afuera, seguramente Gerardo y su hermano no tardarían mucho.

Miró al escenario, algunos pétalos inmóviles reposaban ahí, revivió en su mente el concierto, revivió la cara de Gerardo, su boca cantando perfectamente, sus manos moviéndose a través de la guitarra, enamorado de las cuerdas y de las notas que salían.

En cada una de las canciones, Minerva lo miraba embelesada, miraba su cabello negro, sus ojos pequeños, su camisa gris, su pantalón de mezclilla, pero especialmente sentía su voz.

El ruido de la puerta lateral la sacó de sus pensamientos, Gerardo y Leandro salían inmersos en una conversación, ella se levantó y se acercó.

-¡Felicidades!- lo abrazó, temblando.

-¡Gracias!, ¿Te gustó?- preguntó él.

-Estuvo increíble.

-Me puse un poco nervioso- dijo riéndose, a ella le pareció adorable.

-Estás loco, lo haces perfecto.

-Pues vámonos , afuera el frío debe estar horrible- se sumó Leandro a la conversación.

-¿A dónde vamos?- Preguntó Gerardo- ¿Quieren ir a cenar o algo?, ¿un vinito?- De ordinario, Minerva se emocionaba, a pesar de que ya hubieran sido varias ocasiones en las cuales le tocaba comer o cenar con él, pero aquella vez tuvo miedo. Sus sentimientos por Gerardo iban en aumento día con día, estaba enamorada de él, pero no de la manera en que el mundo ama; Minerva soñaba con su voz, así como lo soñaba en el escenario, también soñaba que dormía a su lado. Era un amor completo del cual Gerardo no tenía idea, y ahora, camino al estacionamiento, él cargaba su guitarra con toda naturalidad, la miraba de vez en vez y sonreía. Los hoyuelos en sus mejillas eran pronunciados y lo juvenil de su rostro también.

Desde que Minerva se dio cuenta de que estaba enamorada de Gerardo, se volvió tímida, creía que cada sonrisa, que cada mirada, que cada palabra amable o no amable podría delatarla. Por otra parte tampoco podía pasar al otro extremo, sería descortés y su sentir probablemente lo haría más obvio o correría el riesgo de mutilar su relación con Gerardo.

La realidad era que, al principio, Gerardo no tenía ni idea, eran tantas las muestras de cariño que continuamente recibía, que una más o una menos no hacía diferencia.

Leandro tenía seis meses de ser su representante y durante todo ese tiempo, la presencia de Minerva en su vida era constante; a él no le molestaba, pero tampoco lo contrario.

Gerardo era delgado, no muy alto, de cabello oscuro y piel trigueña, tenía ojos bondadosos, y aun a sus veintisiete años, a veces parecía un adolescente, tanto por su físico, como por su cara.

Cuando Gerardo cantaba, ya fuera en el escenario o en alguna reunión en su casa, Minerva pensaba mucho, sobre todo en su manera de interpretar, él veía la guitarra, acomodaba el capotrasto, volteaba y de repente se encontraba con sus ojos, Minerva le sonreía y en una mínima voz, repetía junto a él la letra de la canción.

Gerardo era amigo personal de Alejandro Filio, Fernando Delgadillo y Gonzalo Ceja, entre otros del gremio, era por ello que las reuniones en su casa eran muy recurrentes. A todas era invitada Minerva , que saludaba tímidamente a la mujer de Alejandro y a la novia de Fernando, pero nunca se interesó demasiado en su amistad. Siempre procuraba sentarse cerca de Gerardo, para poder cantar con él.

A Gerardo le caía bien Minerva, parecía sentir la música de una manera más intensa que su hermano, por eso a Gerardo no le importaba que ella siempre estuviera ahí.

Todo el mundo coreaba sus canciones en teatros llenos y compraba sus discos, pero lo encontraba más sincero cuando ella cantaba al lado suyo, bebiendo a sorbos vino tinto de una copa cristalina, con las comisuras de su boca manchadas de morado.

Gerardo normalmente era persona educada y cortés, pero había una anécdota que se cernía como un fantasma sobre su aparente tranquila personalidad.

Cuando recién iniciaba su carrera, ofreció una conferencia de prensa tras un concierto, con el fin de anunciar su disco; estaba muy nervioso, casi pálido antes de salir, parecía que la sangre había desaparecido de sus venas.

Una vez afuera, sentado delante de un cartel que mostraba su disco en 2 x 2 mts., la presencia de los reporteros lo ponía más incómodo e inseguro. Uno de los periodistas, chaparrito y gordo, quiso hacerse el simpático a expensas del joven trovador:

-¿Gerardo?- levantó la mano- Servando Suárez, del periódico El Emisor- se presentó- habemos más de diez medios de comunicación en tu primera conferencia de prensa, siendo tú un novato, ¿te halaga o te pesa esta situación?- un silencio reinó, Gerardo sintió que la sangre le volvía al cuerpo, ¿Qué había querido decir aquel hombre?, lo miró, camisa a cuadros color naranja, pantalón negro, sucio y arrugado, calvo, manos regordetas, sosteniendo una grabadora de voz, de sonrisa deforme, mostrando unos dientes chuecos.

Gerardo sonrió, *"Este jodido tiene mucha necesidad de hacerse el gracioso"*, pensó.

-Pues mira, la verdad es que me encontraba un poco nervioso antes de salir, temí no saber cómo o qué responderles, pero veo y espero que el resto de las preguntas no sean igual de tontas, pues de ser así la conferencia no resultara tan buena como yo pensaba- contestó, algunos reporteros rieron ante la cara estupefacta de Servando Suárez, quien en silencio reprimió toda expresión.

Una vez que la rueda de prensa finalizó, Gerardo se puso de pie, agradeciendo antes de salir. El ofendido reportero se le acercó, la suave mirada de Gerardo se endureció.

-¿Sí?

-Oye Gerardo, nada más que yo te quiero aclarar que yo nunca te he dicho *tonto* y menos frente a la gente- él cantautor lo miró, sin inmutarse se puso su saco y sardónicamente respondió:

-Ah. Bien, pues gracias- ocultando una sonrisa, dejó al periodista parado en el centro de aquella sala.

Minerva había escuchado esa anécdota varias veces, y aun le divertía, era un buen pretexto para ver la sonrisa picaresca y espontánea de Gerardo, le gustaba cómo le temblaba la voz cuando hablaba, y como se miraba las manos; era tímido, y el contraste que representaba esa timidez volviéndose música en el escenario resultaba muy atractiva, era lo que la tenía completamente prendada de él.

Aquella noche, mientras los tres se dirigían a un elegante restaurante en el centro de la ciudad, Leandro hablaba discretamente por celular y Gerardo caminaba al lado de Minerva, ambos en un cómodo silencio, mirando las paredes de los edificios color cantera mojada. La poca gente que transitaba a esas horas de la noche no parecían reparar en la cara de él, sí era un cantautor popular, pero al dejar la guitarra y bajar de la escena, era visto como uno más, no era alto ni despampanante y aun con su elegante manera de llevar la ropa, de vestir jeans perfectamente limpios y una bufanda negra alrededor del cuello, sobre su saco color canela, no sobresalía más que sus acompañantes.

Llegaron al lugar, el cabello rubio de Leandro brilló a la luz de las lámparas de la entrada de aquel hermoso sitio; adentro se escuchaba música de piano, varios comensales se veían a través de los cristales de la puerta principal. Luego de que Gerardo dio su nombre y entraron sin necesidad de reservaciones, fueron ubicados en una mesa cercana a la fuente que brillaba a la luz de la noche.

Fue esa la primera vez que Gerardo aceptó que tarde o temprano, tenía que hacer algo; cuando Minerva cantaba junto a él, sentía su voz flotando mezclándose con la suya propia, la de él la arropaba, era como si su voz le diera la mano a la de ella, como si la cuidara.

***

Cuando Gerardo sacó su tercer disco, lo presentó en un concierto al aire libre, en un parque, a las 7 de la noche, cuando da esa luz que empieza a permitir los faros de los coches brillar un poco más, aquel día hacía viento, era febrero. Luego de tocar la mayoría de las canciones, apareció en el escenario Mario Rivero, amigo de Gerardo, trovador quizá de menor experiencia, de solo un disco, pero de talento similar. El público aplaudió cuando Gerardo dijo al micrófono que cantaría algunas canciones con Mario, tal vez la emoción del respetable no fue debido a él, sino por causa de la química que se percibía entre los dos cantautores.

Mario tenía el cabello ondulado y castaño, lucía muy suave al tacto, la cara ovalada, los ojos grandes y la boca delgada, un tipo muy distinto al de Gerardo. El contraste que producían era agradable a la vista, y también al oído. Gerardo tenía una voz dulce y profunda, mientras que Mario tenía el timbre un poco más agudo y menos entonado, pero la gracia de sus letras y su manera de dirigirse al público eran adorables. Su amistad estaba muy basada en su profesión, pero conforme el tiempo iba corriendo, se conocían más a fondo, tocaban juntos más veces, pero nunca trataron de componer juntos, quizá no todos lo hacían, pero a veces parecía que Gerardo y Mario se sentían tan a gusto el uno con el otro, que nadie dudaba de que un par de ocasiones hubiesen escrito juntos alguna canción, o que alguna vez Gerardo pusiera la voz, Mario la letra y ambos la música. No, eso nunca había pasado. De haber sido así, se hubiesen dado cuenta a tiempo de la dirección de sus composiciones.

***

El cumpleaños de Gerardo era en tres días. Para celebrar habría una reunión en su casa, con amigos íntimos como invitados. Marcela Gómez, Rodrigo Conde, Rebeca Mejia, Juan Pablo Zavala, Guillermo Manuel, Mario, Minerva, y Leandro.

Con esos tres días de anticipación, Gerardo comenzó a convencerse.

Faltando un día para que cumpliera los veintisiete años, se levantó a las siete de la mañana, no había podido dormir bien, una melodía le daba vueltas en la cabeza, lo tuvo volteando la almohada una y otra vez, apagando y prendiendo la luz, mirando su celular, releyendo mensajes de texto que no tenían ninguna importancia. Cuando decidió dejar la cama, no hizo escala alguna, fue directamente al rincón y tomó su guitarra, regresó a sentarse, haciendo las cobijas a un lado, en el buró había un lápiz de ojos, que su antigua exnovia había dejado olvidado, sobre la factura de la gasolina, empezó a garabatea

***

Ese mismo día Mario durmió hasta las once de la mañana. Estaba aburrido, no sentía ganas de levantarse, ni encontraba razón suficientemente fuerte para ello. Sin mover la cara miraba la lámpara de piso, apagada, inmóvil, cruel, en la noche prendida, en el día no, Mario tenía miedo de acabar como esa lámpara. La tela de la sabana le ponía electricidad en el cabello, pero Mario no lo notaba, el temor seguía invadiendo, pavor de seguir viendo correr los días, sin obtener una gota del sentimiento que desde hacía algún tiempo estaba negando sin razón. Leandro se había ofrecido a representarlo parcialmente hacía unos meses, le organizaba conciertos y presentaciones, por eso la mayoría de ellas eran con Gerardo.

Cuando Mario conoció a Minerva, hacía frío, ella llevaba un gorro azul y una bufanda enorme, gris, era menuda y la imagen le provocó a Mario cierta ternura que con el tiempo fue creciendo.

La primera vez que estuvo solo con ella, fue en una junta en la que Gerardo y Leandro firmaban un contrato para dar un concierto en Guanajuato.

-Vamos a fuera, ¿no?- dijo Mario, en voz baja, acercándose a Minerva, ella lo miró.

-Estamos esperando a Lea y a Gerardo- rió- hay que esperarlos.

-No, vámonos ya- Mario se levantó y la jaló del brazo.

-Se van a enojar si nos vamos- los miró, la verdad era que ni uno ni otro parecían darse cuenta.

-Vamos por un café aquí al Sanborns de enfrente y regresamos- Mario sonrió y dándole la mano, la hizo levantarse, Minerva rió, negando con la cabeza lo siguió.

Acostado en su cama, entre sábanas color crema, Mario seguía pensando, sin expresión en su rostro. Miró su celular, era cumpleaños de Gerardo, más tarde habría una fiesta, sería una buena ocasión. Bajó por su guitarra, que descansaba en la cajuela de su coche.

***

Con un nudo en la garganta, Gerardo pagó el último de los vinos tintos que había comprado para esa noche, Merlot, Cabernet Sauvignon.

Entre escoger los vinos y ver los años, Gerardo solo pensaba en cómo y en qué momento podría hablar con Minerva, tenía que ser aquella noche, sin duda. Su cumpleaños le daba valentía. La canción que había escrito aquella mañana no era precisamente idónea para el momento, no era amor novedoso, ni de enamoramiento, sino más bien tenía chispas de nostalgia, no quedaba, pero era lo que había salido.

...durmió la tarde y entre su sueño dio contigo, cuando llegaste, la luna tuvo algún sentido, no soy de nadie, dijiste para estar conmigo, si es por amarte, todo lo olvido, todo lo olvido...

En la madrugada , Gerardo se sentía cómodo en su sala, todos sus amigos estaban ahí, riendo y bebiendo, Mario en particular, jugueteaba con la guitarra, parecía nervioso. Leandro hablaba con Maricela, explicándole los beneficios de tener un representante. Minerva regresaba de la cocina con una copa delgada y limpia, Mario se movió un poco para cederle parte de su lugar, Gerardo supo que aquel era el momento.

-Ahora que todos están, y que no están haciendo nada importante...- empezó.

-¡¿Cómo?!- se quejó Leandro, riéndose- ¡Yo le estoy explicando a Marcela!- rió, un poco achispado por el vino.

-En fin- continuó Gerardo- en vista de que ahora sí todos me escuchan- se levantó y tomó la guitarra de manos de Mario- Quiero ver qué les parece esta canción, es nueva- se sentó, la vista clavada en Minerva- es para ti.

Cuando Gerardo terminó de cantar, miró a Minerva, sonriendo, no sabía qué decir, siempre lo miraban muchos pares de ojos, pero los hubiera cambiado todos por no sentir nervios en aquel momento. Volvió a pasarle la guitarra a Mario, y sin más ni más, se levantó y puso una mano en la mejilla de Minerva, la besó, entre un bullicio que se extendió por toda la sala.

El muro más alto cayo sobre Mario, nunca entendió como pudo resistir aquella escena, se sintió solo, hubiera preferido intercambiar lugares con la lámpara de su cuarto, se sintió tonto, había tardado mucho y aquel era el castigo, se sintió como se sentía cada vez que los presentaban cuando llegaban a cantar juntos:

"Gerardo y Mario",
 "Gerardo, acompañado de Mario",
 "Él es Gerardo...ah si, y Mario",

Se sintió como las miles de veces que veía a Gerardo brillar mientras él muy apenas chispeaba. Media hora más tarde, decidió salir de ahí, no ganaba nada con salpicar la herida, se iba a su casa, a dormir, con su lámpara.

***

La siguiente semana fue para Mario la peor. El lunes fue gris, se levantó a las nueve y frente a la televisión, desayunó cereal, más tarde no comió, no tenía hambre.

A las seis de la tarde, seguía recostado en el sillón, las luces apagadas y la TV prendida, se obligó a ver una novela de unas adolescentes que jugaban fútbol y enfrentaban los problemas de la vida, después le siguió una de tres hermanas mellizas que tenían el mismo prefijo en el nombre, más tarde un programa musical de comedia y luego el noticiero.

Mario fue arrullado hasta quedar dormido. A la una de la madrugada lo despertó el himno nacional saliendo de la pantalla que proyectaba imágenes al azar de campesinos mexicanos.

El martes no desayunó, le dolía el estómago y no fue sino hasta las cuatro que se compró una sopa instantánea y se la comió en silencio, sentado en su cocina, como todo un perdedor.

A las 9 tomó su guitarra, pero una inmensa tristeza lo agobió, haciéndolo dejarla en el sillón y subir a encerrarse en el cuarto, tirarse en la cama y no poder pegar el ojo hasta las dos.

El miércoles fue similar, con la excepción de sí desayunó y comió. Por la tarde recibió una llamada, el teléfono de su casa timbró hasta que la máquina respondió:

"Es Mario, seguramente estoy sentado escuchando tu llamada y no quiero contestar...ja!, deja mensaje".

-¿Qué onda Mariano?, ¿Dónde andas?, no sé nada de ti desde mi fiesta, márcame güey, te invito a cenar y platicamos, ¿va?, cuídate, bye-

-Chinga tu madre- dijo Mario cuando la voz de Gerardo desapareció, se arrepintió al instante, no tenía porqué enojarse con él, era su amigo y siendo honestos, no tenía ni idea de lo que Mario sentía. No le quedaba más que lamerse las heridas y aceptar que así eran las cosas. Ni hablar, había llegado tarde, o lo que era peor, ni siquiera había alcanzado a llegar, era el pasajero que perdía un vuelo por minutos de retraso.

Esa noche llamó a Gerardo y fue a cenar con él, se tomaron un whiskey y escuchó cada palabra sobre lo linda que era Minerva, escuchó en boca de Gerardo, vio en sus ojos pequeños todo lo que él ya sentía. Tomó un trago profundo antes de decirle:

-Está chido, ojalá les vaya bien.

***

A Minerva siempre le salía todo mal antes de salirle bien. Siempre que trataba de hacer un favor, algo se le complicaba. Si le pedían que les pasara algún documento en una memoria USB, su computadora obligaba a formatear la memoria y era un lío. Regularmente olvidaba hacer llamadas que eran importantes, su correo no adjuntaba los documentos o derramaba mucha cantidad cuando se servía agua de frutas. Era un poco torpe y en las fotos, siempre le salía un ojo más pequeño que el otro. Pero amaba mucho, cuando se enamoraba, amaba hasta la parte más fina y a veces se olvidaba de lo mucho que esa parte fina significa y puede afectar al resto de los mortales. La parte fina la hizo dejar a su mejor amiga llorando toda la noche, triste por una crisis, la parte fina y última le hizo gritarle a su hermano por usar el teléfono cuando ella esperaba una llamada. Era esa última parte la que no controlaba, la que terminaba por arruinarlo todo, la que no podía contener.

Tres meses después, Mario ya casi no sufría, solo lo normal, y nada más en la soledad de su casa. Tampoco salía mucho con ellos, prefería hacerse a un lado, pues de repente sin quererlo, se quedaba viéndola tiempo demás, o hacía alguna broma de mal gusto a Gerardo, siempre de manera involuntaria. Tocaba mucho la guitarra por aquellos días, componía para sacar las sensaciones envueltas en nada.

Fue precisamente el siete de noviembre, cumpleaños de Minerva, cuando Gerardo empezaba un rol de conciertos por varios lugares de la república mexicana, sólo en uno lo acompañaría Mario, en el del siete.

Minerva llegó tarde aquel día, pero se las arregló para sentarse en la primera fila. Cuando puso sus ojos en el escenario, estos no se clavaron en Gerardo, no repararon en su cara intranquila ni en su manera de tomar la guitarra, obviaron su sonrisa espontánea. Ni ella misma entendió ese vacío, lo amaba, estaba segura. ¿Por qué entonces no se sentía?, ¿Y la intensidad? , ¿Y los nervios?

Gerardo terminó la canción y la saludó con la mirada, reprochando un poco el haber llegado tarde, se había perdido su primera canción, la que era para ella, debido a su cumpleaños. Sin embargo, había centenares de personas que no podían tragarse un berrinche romántico y Gerardo lo sabía, sonrió hacia el público y comenzó otra canción.

Minerva lo miraba y se angustiaba cada vez más, no había previsto nada de aquello, movió sus ojos por el escenario y tras bambalinas pudo ver la figura de Mario. Gerardo se concentraba en su guitarra y no la veía, Minerva pasó entre un par de guardias de seguridad y llegó hasta donde estaba Mario. Él la recibió con una sonrisa y la abrazó, dejando su guitarra a un lado, mientras en el escenario, Gerardo continuaba cantando.

-Feliz cumpleaños, Mine- murmuró Mario contra su pelo, ella no se movió. Por algunos segundos más, se quedaron ahí, abrazados, escuchando la guitarra de Gerardo.

Cuando la sensación de culpabilidad nace, lo hace repentinamente, no te da tiempo de pensar, simplemente te golpea, te hace responsable, te juzga sin preguntarte qué sientes ahora, y cuando dejaste de sentir lo que sentías. Además te engaña, te hace creer que todo está perdido, que tienes que acostumbrarte, no te da oportunidad de pensar ni de arrepentirte, por irónico que parezca.

Mario cerró los ojos, sin dejar de abrazarla, no quería que terminara nunca aquel concierto, deseaba que Gerardo se quedara para siempre en el escenario, que no saliera, que la dejara ahí, sola, sin él. Mientras tanto, Minerva estaba muy asustada por la mezcla, por el licuado de sensaciones que en menos de un momento le estaban cambiando sus perspectivas, no se entendía a sí misma, ni tampoco explicaba que haría cuando aquel concierto terminara; había sentido la tristeza en la cara de Gerardo desde algunos días antes, y ahora, al llegar tarde, al haberse perdido su felicitación, sabía que aquello no quedaría ahí, sino que tendría consecuencias. Agradeció que Gerardo no pudiera verla en aquel momento, aferrándose a los hombros de Mario, escuchando su respiración confundirse con los aplausos que afuera, alababan el talento de su novio.

Todo ocurrió en un momento. La canción terminó y Gerardo anunció que Mario cantaría una canción con él, el público gritó emocionado, y él giró la cabeza para encontrar tras bambalinas, la visión que le indicaría que aquella sería la última vez que cantaran juntos.

***

Gerardo salió solo por la puerta lateral del teatro, caminó por el centro, adentrándose en las plazas, observando a la gente guarecerse del frío, un par de niños con suéteres se agarraban de las manos de sus madres; el cielo estaba de un gris oscuro que helaba los huesos. Una leve llovizna comenzaba a arreciar en el centro de la ciudad, las palomas seguían volando, el mundo no se detenía, las ancianas seguían ingresando a la iglesia, cubiertas con rebozos. Gerardo caminaba sin inmutarse, sin sonreír, su rostro serio, las manos en los bolsillos y la guitarra colgando de su espalda. Dentro, una marea de tristeza le endurecía las entrañas, la lluvia seguía cayendo lentamente, el adoquín se humedecía y el olor a tierra mojada, tan amado por todos, le hacía llorar. Bajó la escalinata del teatro a paso rápido, pero conforme fue avanzando, su caminar se volvió lento, le dolía en el alma, no encontraba explicación, no la había, no sabía a quien maldecir, en su mente sabía que no la odiaba, pero quería alejarse de ahí.

Siguió caminando, pasó por otra plaza más, sus jeans también estaban húmedos y seguramente su guitarra estaría arruinada, pero no le importaba, sólo quería caminar, olvidarse de que Mario se la había arrebatado sutilmente y con clase. Miró hacia arriba, el viento movía levemente unas antenas, el cielo seguía gris y se abría, mientras unas gotas de lluvia le acariciaban la cara, le recorrían los labios, las paredes eran las mismas y el color se borraba de la ciudad.

FIN

*** "Entre pairos y derivas" Fernando Delgadillo*
** "Cuentos compartidos" Alejandro Filio*

GINEBRA

"Puedes borrar a alguien de tu mente, pero borrarlo de tu corazón, es otra historia"
Eterno resplandor de una mente sin recuerdos.

Aquella mañana Estella despertó sintiendo el vértigo de abrir los ojos reflejado en el estómago, las sienes le apretaban la cabeza como tenacillas de cangrejo recién nacido.

Le habían avisado que esos serían los efectos de las pastillas, y más le valdría estar conforme, pues sabía que el tratamiento podría haberla hecho despertar con el vómito sobre las sábanas.

Entre otras recomendaciones médicas de menor importancia, estaba advertida de que aquel sería uno de los peores días de su vida. Pero tenía que aceptarlo o dejar que su existencia entera se convirtiera en un sufrimiento constante.

Se levantó y la luz del sol a través de los vidrios casi invisibles le caló en la boca seca, lastimando sus ojos enrojecidos por el sueño y el dolor.

En la mesita de noche había un paquete de pastillas que advertía por varias razones, no recetarse a mujeres embarazadas; un papel color rosa descansaba a un lado de las pastillas.

Esa era la receta, las indicaciones cronológicamente anotadas. Estella tomó el papel, aquel era el día.

El dolor que sufría era rígido y vívido. Zara la había mandado a la clínica un par de días antes, cuando la había encontrado en el parque, caminando sola; parecía que no se había bañado en una semana, tenía el cabello grasoso y cualquiera habría pensado que le habían espolvoreado talco en la frente.

La vio caminar distraída, con las manos en las bolsas del suéter, por un sendero donde los niños paseaban a sus perros. A pesar de estar sucia y con aires de locura, Estella parecía triste, así que nadie se atrevería a meterse en su tristeza. Y aunque lo hubiesen hecho, lo más probable era que ella no lo notara.

Zara se le acercó, murmurando su nombre y Estella le otorgó la peor sonrisa en la historia de las sonrisas. Momentos después, se echó a llorar y Zara no tuvo más remedio que abrazarla y sonreír a manera de disculpa a los extraños que les dirigían miradas curiosas.

Aquella clínica, según Zara le había dicho, le ayudaría a olvidar que estaba metida en un remolino de emociones, en un acantilado obstinado en decidir.

Estella no quería saber, ella sólo buscaba que alguien más le marcara el camino a olvidar. De aquella forma, olvidaría que le dolía cada vez que él se marchaba, cada vez que uno de sus ojos la miraba con indiferencia y el otro con rencor. En aquella sencilla rutina le ayudarían a olvidar los pasos que junto a él había caminado por mucho tiempo, a dejar atrás las veces en que ella le pedía que le tomara de la mano y que él no lo hiciera.

Fue a la clínica unos días después y temblando entró a un consultorio donde una doctora la recibió con un abrazo, un vaso de agua y una sonrisa compasiva, Estella provocaba pura compasión.

-Es un procedimiento independiente- le había dicho Zara - todo lo debes hacer tú misma, pero debes estar convencida. Repetir el procedimiento es dañino. Una no puede estar vomitando tantas veces.

Y finalmente, después de encerrarse en su mundo por unos días, ahora Estella se encontraba en la orilla de su cama, contemplando la receta con los ojos inundados de temor, hasta que la tomó y comenzó a leerla.

"Lávese la cara con agua caliente, hasta que los poros empiecen a exhalar las lágrimas matutinas."

Se levantó y se dirigió al baño. Se miró en el espejo, sin sorprenderse de la cara ojerosa, el cabello enmarañado que la contemplaba en la imagen; abrió el grifo del agua y segundos después hundió la cara en el chorro de líquido que caía sobre la porcelana. Se frotó las mejillas haciéndose un par de rasguños con sus remedos de uñas, los ojos sentían la temperatura del agua y sin darse cuenta, Estella empezó a llorar, por los ojos, por los labios partidos y por la frente. Sus sollozos se perdían en el ruido del agua, en una patética parodia de ahogamiento.

Estuvo media hora con la cabeza en el agua, el cabello se le había mojado y las manos estaban un poco arrugadas por el largo contacto con el líquido. Se quedó un rato viéndose, hundida en el espejo y en el patetismo. Una lágrima solitaria comenzó a correr por su mejilla y Estella siguió su trayectoria en el reflejo, hasta que la lágrima, tímida, se apresuró a bajar rápido por la boca, lanzándose así al vacío del lavabo.

Eran las nueve de la mañana y el sol era una bola solitaria y naranja en el cielo raso de la mañana veraniega. Estella regresó al cuarto, buscó ropa y se vistió con lentitud. Miraba la receta, un inofensivo papel en su mesa de noche, garabateado de ayuda. Se acercó, lo tomó con manos temblorosas.

"Vomita. Olvídate del dolor físico que esto produce. Solo vomita. Quítate todo lo que te haya dejado."

Estella se horrorizó, dejando caer la receta al piso frío; vomitar era uno de sus temores más graves. Levantó el papel para cerciorarse de ello y suspiró resignada cuando volvió a leerlo, sin embargo, esta vez descubrió una pequeña nota bajo la indicación.

"Ponga música."

Estella sonrió con amargura y caminó hacia el radio, lo encendió y una voz dulce, de mujer salió de las bocinas, mientras Estella caminaba hacia el baño nuevamente. Se inclinó encarando el excusado, miró su mano y cerró los ojos. Su deseo de dejar atrás era más fuerte y con una temblorosa voluntad, se metió el dedo índice en la boca, mientras la mujer de la canción continuaba. Estella comenzó a vomitar y a llorar al mismo tiempo, su otra mano apretaba el puño del suéter con desesperación. Entre sollozos, espasmos y música del radio, Estella sacrificaba su miedo y un poco de su esófago con la simple misión de olvidar. Todo lo que de ella venía estaba impregnado de dolor. Por una parte, vomitaba bilis, por otra, lágrimas igual de transparentes.

Minutos más tarde, Estella terminó sentada en el piso del baño, con los brazos cruzados, la cara desencajada, mirando hacia el piso, la boca seca y residuos de llanto tratando de hidratarla.

"Hunde la cara en la almohada, dejando el espacio suficiente para respirar. Ahoga los gritos en la tela y de una vez, trata de olvidarte de todo."

Se acercó a su cama destendida, los pies desnudos que resentían el frío del suelo se apresuraron. Estella y sus labios casi muertos se dejaron caer sobre la cama, sobre la almohada, y como en la parte éxtasis de una canción, empezó a gritar, deseando que el tratamiento terminara pronto. Entre el tejido de la almohada, el rostro que adoraba la perseguía, le murmuraba que se arrepintiera, que no lo olvidara. Estella gritó con todo su sistema nervioso y se preguntó porque no le había tocado ser una caricatura japonesa, de las que jamás sufren en realidad.

Si hace años se hubiera inventado el recurso de olvidar el amor por medio de un itinerario como aquel, la psicología sería una burla. Ahora la burla era Estella, tratando sumarse al ejército de mujeres que olvidan. Un ejército de sólo diez miembros perdidos y arrojados por el mundo.

Estella levantó la cara de repente y miró su reloj en el tocador; marcaba las seis de la tarde. No sabía cuánto tiempo había estado hundida en la cama, ni cuántos gritos del tipo doloroso había sembrado aquellas horas. Estaba segura de que no había dormido, pues recordaba con claridad qué rasgos de él, le habían pasado por los ojos, hincándose, deteniéndose para ser examinados.

"No invente ninguna excusa y sírvase un vaso de ginebra sin hielo"

Estella suspiró y al ponerse de pie se dio cuenta que sentía las piernas ligeras y que un cosquilleo le recorría el estómago. Estaba empezando a olvidar, pero tenía que terminar el tratamiento.

La botella cuadrada de ginebra la esperaba sobre la mesa, seguramente aquella también quería olvidar. Estella la abrió con cuidado, y el olor medicinal le impactó en la nariz.

"Beba del vaso lentamente. Piense en él. Ésta será la última vez que lo haga."

Un terremoto imaginario sacudió los pies de Estella. Cuando se trataba de él, era imposible pensar en una **Última Vez.** Lo protegía la nostalgia y los besos que aunque pudieran ser mensuales, eran suyos. Lo protegía la perfección y suéteres de color invierno.

Vertió la bebida con lentitud, queriendo retrasar el proceso, pero el vaso se llenó antes de lo esperado. Lo miró con aprehensión, las manos le temblaban.

Era la décima vez en aquel día que sentía las manos agitarse y enfriarse de aquella manera.

Se sentó en el sillón, encogiendo las piernas y en un arranque de valentía, dio el primer trago. Nada pasó. El techo aún era blanco, la foto de sus abuelos era la misma y el corazón seguía doliendo con la misma intensidad. La luz de la calle le brillaba en los ojos. No sabía si tenía permitido llorar, pero el silencio era tan intenso, que ella debía ofrecer un poco de sonoridad, y nada mejor para eso, que el llanto mismo. Bebió por segunda vez, sintiendo que el vidrio del vaso le lastimaba la lengua.

El teléfono sonó y Estella supo que era él. También entendió que jamás llegaría a leer la última instrucción de la receta, la definitiva.

"Use siempre gafas oscuras, para esconder sus rencores y que los niños no se asusten"

FIN

Agradecimientos.

A la maestra Ana Neumann, así como a mis amigos Laura, David, Aarón, Arturo, Alma, Quetzalli y otros miembros del taller libre de literatura en el museo Othoniano, de San Luis Potosí.